土工格栅蠕变、老化作用对加筋地基性能影响的研究

袁 慧 著

中国建材工业出版社

北 京

图书在版编目（CIP）数据

土工格栅蠕变、老化作用对加筋地基性能影响的研究/袁慧著. --北京：中国建材工业出版社，2024.10.
ISBN 978-7-5160-4205-2

Ⅰ.U416.1

中国国家版本馆 CIP 数据核字第 2024BE8510 号

土工格栅蠕变、老化作用对加筋地基性能影响的研究
TUGONG GESHAN RUBIAN, LAOHUA ZUOYONG DUI JIAJIN DIJI XINGNENG YINGXIANG DE YANJIU
袁　慧　著

出版发行：	中国建材工业出版社
地　　址：	北京市西城区白纸坊东街 2 号院 6 号楼
邮　　编：	100054
经　　销：	全国各地新华书店
印　　刷：	北京印刷集团有限责任公司
开　　本：	787mm×1092mm　1/16
印　　张：	7.5
字　　数：	180 千字
版　　次：	2024 年 10 月第 1 版
印　　次：	2024 年 10 月第 1 次
定　　价：	**58.00 元**

本社网址：www.jccbs.com，微信公众号：zgjskjcbs
请选用正版图书，采购、销售盗版图书属违法行为
版权专有，盗版必究。本社法律顾问：北京天驰君泰律师事务所，张杰律师
举报信箱：zhangjie@tiantailaw.com　　举报电话：(010) 63567684
本书如有印装质量问题，由我社事业发展中心负责调换，联系电话：(010) 63567692

前　言

　　加筋土技术是一种利用筋材与土的相互作用而达到提高土体强度和稳定性的土工增强技术，被广泛应用于道路、坝体、边坡和建筑地基工程中。土工格栅因其轻质高强、筋土作用友好而受到广大工程人员的青睐，成为常用的加筋材料之一。土工格栅的蠕变和老化直接影响加筋土界面的共同工作效应，从而影响加筋土地基的工程性状，关系工程项目的耐久性和安全可靠性。加筋材料的蠕变和老化成为加筋地基领域的热点问题，本书对土工格栅蠕变和老化作用对加筋地基的性能影响进行了系统研究。

　　本书共分 8 章，包括绪论，土工格栅蠕变特性研究，土工格栅黏弹塑性模型建立及参数识别，土工格栅老化特性研究，考虑蠕变、老化作用影响的土工格栅加筋砂土界面特性，考虑蠕变、老化影响的土工格栅加筋砂地基承载特性，考虑长期工作效应的土工格栅加筋地基承载力计算公式、结论与展望。

　　本书系统研究了蠕变应力水平、老化方式、老化与蠕变耦合等因素对土工格栅加筋土界面相互作用和加筋土地基承载特性的影响。

　　本书的研究工作得到国家自然科学基金面上项目（51578359）资助，研究成果可为土工格栅加筋地基的长期性能等方面提供理论和工程应用参考。期待本书的出版能对读者有所帮助。

　　本书的研究和撰写过程中，得到了太原理工大学白晓红教授的悉心指导和鼎力帮助。白晓红教授是我攻读硕士研究生和博士研究生时的导师。白晓红教授学术造诣深厚、设计实践丰富，对我帮助很大，在此我表达由衷的感谢！

　　由于撰写时间仓促，水平有限，本书难免有不足之处，恳请读者批评指正。

袁　慧

2024 年 4 月 3 日

目 录

1 绪论 ⋯⋯⋯⋯⋯⋯⋯⋯⋯⋯⋯⋯⋯⋯⋯⋯⋯⋯⋯⋯⋯⋯⋯⋯⋯⋯⋯⋯⋯⋯⋯⋯⋯⋯⋯⋯ 1

    1.1 引言 ⋯⋯⋯⋯⋯⋯⋯⋯⋯⋯⋯⋯⋯⋯⋯⋯⋯⋯⋯⋯⋯⋯⋯⋯⋯⋯⋯⋯⋯⋯⋯⋯⋯ 1
    1.2 土工合成材料的发展与应用 ⋯⋯⋯⋯⋯⋯⋯⋯⋯⋯⋯⋯⋯⋯⋯⋯⋯⋯⋯⋯⋯ 1
    1.3 国内外研究进展 ⋯⋯⋯⋯⋯⋯⋯⋯⋯⋯⋯⋯⋯⋯⋯⋯⋯⋯⋯⋯⋯⋯⋯⋯⋯⋯⋯ 5
    1.4 本书的主要研究内容 ⋯⋯⋯⋯⋯⋯⋯⋯⋯⋯⋯⋯⋯⋯⋯⋯⋯⋯⋯⋯⋯⋯⋯⋯⋯ 9
    1.5 参考文献 ⋯⋯⋯⋯⋯⋯⋯⋯⋯⋯⋯⋯⋯⋯⋯⋯⋯⋯⋯⋯⋯⋯⋯⋯⋯⋯⋯⋯⋯⋯ 10

2 土工格栅蠕变特性研究 ⋯⋯⋯⋯⋯⋯⋯⋯⋯⋯⋯⋯⋯⋯⋯⋯⋯⋯⋯⋯⋯⋯⋯⋯⋯⋯ 15

    2.1 引言 ⋯⋯⋯⋯⋯⋯⋯⋯⋯⋯⋯⋯⋯⋯⋯⋯⋯⋯⋯⋯⋯⋯⋯⋯⋯⋯⋯⋯⋯⋯⋯⋯ 15
    2.2 蠕变折减系数取值现状 ⋯⋯⋯⋯⋯⋯⋯⋯⋯⋯⋯⋯⋯⋯⋯⋯⋯⋯⋯⋯⋯⋯⋯ 15
    2.3 土工格栅蠕变特性试验 ⋯⋯⋯⋯⋯⋯⋯⋯⋯⋯⋯⋯⋯⋯⋯⋯⋯⋯⋯⋯⋯⋯⋯ 16
    2.4 土工格栅蠕变微观分析 ⋯⋯⋯⋯⋯⋯⋯⋯⋯⋯⋯⋯⋯⋯⋯⋯⋯⋯⋯⋯⋯⋯⋯ 22
    2.5 土工格栅蠕变微细观机理分析 ⋯⋯⋯⋯⋯⋯⋯⋯⋯⋯⋯⋯⋯⋯⋯⋯⋯⋯⋯ 26
    2.6 本章小结 ⋯⋯⋯⋯⋯⋯⋯⋯⋯⋯⋯⋯⋯⋯⋯⋯⋯⋯⋯⋯⋯⋯⋯⋯⋯⋯⋯⋯⋯⋯ 27
    2.7 参考文献 ⋯⋯⋯⋯⋯⋯⋯⋯⋯⋯⋯⋯⋯⋯⋯⋯⋯⋯⋯⋯⋯⋯⋯⋯⋯⋯⋯⋯⋯⋯ 27

3 土工格栅黏弹塑性模型建立及参数识别 ⋯⋯⋯⋯⋯⋯⋯⋯⋯⋯⋯⋯⋯⋯⋯⋯⋯ 32

    3.1 引言 ⋯⋯⋯⋯⋯⋯⋯⋯⋯⋯⋯⋯⋯⋯⋯⋯⋯⋯⋯⋯⋯⋯⋯⋯⋯⋯⋯⋯⋯⋯⋯⋯ 32
    3.2 土工格栅黏弹性特征分析 ⋯⋯⋯⋯⋯⋯⋯⋯⋯⋯⋯⋯⋯⋯⋯⋯⋯⋯⋯⋯⋯ 32
    3.3 经典蠕变曲线 ⋯⋯⋯⋯⋯⋯⋯⋯⋯⋯⋯⋯⋯⋯⋯⋯⋯⋯⋯⋯⋯⋯⋯⋯⋯⋯⋯⋯ 33
    3.4 土工格栅黏弹塑性模型建立 ⋯⋯⋯⋯⋯⋯⋯⋯⋯⋯⋯⋯⋯⋯⋯⋯⋯⋯⋯⋯ 36
    3.5 土工格栅黏弹塑性蠕变模型的特性 ⋯⋯⋯⋯⋯⋯⋯⋯⋯⋯⋯⋯⋯⋯⋯⋯⋯ 39
    3.6 模型参数的确定 ⋯⋯⋯⋯⋯⋯⋯⋯⋯⋯⋯⋯⋯⋯⋯⋯⋯⋯⋯⋯⋯⋯⋯⋯⋯⋯ 40
    3.7 模型的验证 ⋯⋯⋯⋯⋯⋯⋯⋯⋯⋯⋯⋯⋯⋯⋯⋯⋯⋯⋯⋯⋯⋯⋯⋯⋯⋯⋯⋯⋯ 41
    3.8 本章小结 ⋯⋯⋯⋯⋯⋯⋯⋯⋯⋯⋯⋯⋯⋯⋯⋯⋯⋯⋯⋯⋯⋯⋯⋯⋯⋯⋯⋯⋯⋯ 42
    3.9 参考文献 ⋯⋯⋯⋯⋯⋯⋯⋯⋯⋯⋯⋯⋯⋯⋯⋯⋯⋯⋯⋯⋯⋯⋯⋯⋯⋯⋯⋯⋯⋯ 43

4 土工格栅老化特性研究 ⋯⋯⋯⋯⋯⋯⋯⋯⋯⋯⋯⋯⋯⋯⋯⋯⋯⋯⋯⋯⋯⋯⋯⋯⋯⋯ 45

    4.1 引言 ⋯⋯⋯⋯⋯⋯⋯⋯⋯⋯⋯⋯⋯⋯⋯⋯⋯⋯⋯⋯⋯⋯⋯⋯⋯⋯⋯⋯⋯⋯⋯⋯ 45
    4.2 土工格栅的老化概述 ⋯⋯⋯⋯⋯⋯⋯⋯⋯⋯⋯⋯⋯⋯⋯⋯⋯⋯⋯⋯⋯⋯⋯⋯ 45
    4.3 室内加速老化试验材料及设备 ⋯⋯⋯⋯⋯⋯⋯⋯⋯⋯⋯⋯⋯⋯⋯⋯⋯⋯⋯ 46
    4.4 土工格栅热氧老化试验 ⋯⋯⋯⋯⋯⋯⋯⋯⋯⋯⋯⋯⋯⋯⋯⋯⋯⋯⋯⋯⋯⋯⋯ 49

  4.5 土工格栅光氧老化试验 ………………………………………………… 51
  4.6 基于灰色预测模型的土工格栅光氧老化作用寿命预测 ………………… 57
  4.7 光氧老化对土工格栅蠕变特性的影响 …………………………………… 60
  4.8 本章小结 …………………………………………………………………… 63
  4.9 参考文献 …………………………………………………………………… 63

5 考虑蠕变、老化作用影响的土工格栅加筋砂土界面特性 ………………………… 68
  5.1 引言 ………………………………………………………………………… 68
  5.2 加筋理论 …………………………………………………………………… 68
  5.3 筋土界面特性研究方法 …………………………………………………… 70
  5.4 直剪试验设备及材料 ……………………………………………………… 71
  5.5 本章小结 …………………………………………………………………… 77
  5.6 参考文献 …………………………………………………………………… 77

6 考虑蠕变、老化影响的土工格栅加筋砂地基承载特性 ………………………… 81
  6.1 引言 ………………………………………………………………………… 81
  6.2 室内模型试验设计 ………………………………………………………… 82
  6.3 考虑蠕变影响的室内模型试验结果与分析 ……………………………… 87
  6.4 考虑老化影响的室内模型试验结果与分析 ……………………………… 92
  6.5 老化、蠕变耦合作用对土工格栅加筋砂地基承载特性的影响 ………… 95
  6.6 土工格栅加筋砂地基加固机理分析 ……………………………………… 98
  6.7 本章小结 …………………………………………………………………… 99
  6.8 参考文献 …………………………………………………………………… 100

7 考虑长期工作效应的土工格栅加筋地基承载力计算公式 …………………… 101
  7.1 引言 ………………………………………………………………………… 101
  7.2 加筋地基极限平衡设计方法 ……………………………………………… 101
  7.3 土工格栅加筋地基的极限平衡分析 ……………………………………… 103
  7.4 土工格栅的设计拉力 ……………………………………………………… 103
  7.5 加筋地基承载力修正公式 ………………………………………………… 104
  7.6 考虑长期工作性能影响的土工格栅加筋地基承载力公式的确定 ……… 106
  7.7 本章小结 …………………………………………………………………… 108
  7.8 参考文献 …………………………………………………………………… 109

8 结论与展望 …………………………………………………………………………… 110
  8.1 结论 ………………………………………………………………………… 110
  8.2 展望 ………………………………………………………………………… 111

1 绪 论

1.1 引 言

土体由岩石风化作用产生的颗粒碎屑堆积集合而成，其颗粒松散的本质决定了土在压缩条件下的抗剪强度较高、抗拉强度较小并制约其在工程中的应用。在人类发展进程中，新石器时代的人们已开始在土中加入茅草、芦苇等柔性材料，改善土的抗拉性能[1]。这是土体加筋最早开始的形式。我国古代劳动人民将茅草掺入土中修筑墙壁和屋顶，将芦苇掺入软土中修路，将树枝掺入土中加固堤岸，等等。汉武帝时期曾在土中掺入芦苇、柳枝修葺长城。[2]距今5000多年历史的、位于陕西半坡村的仰韶遗址，有很多房屋、屋顶的修筑是在土中掺入草纤维进行加固的[3]。国外也有类似的记载，3000多年前的英国人在沼泽地用木排修路[4]，荷兰人在围海造地的过程中也曾大量使用柳枝加固堤坝。受限于当时的认知水平，加筋材料的掺量多半是通过工程经验获得的，而且天然植物（如茅草、芦苇、树枝等）作为加筋材料易腐烂，耐久性差。

20世纪30年代，以塑料、化纤等为原料制成的土工合成材料的出现为加筋土技术的应用和推广带来生机。1963年，法国工程师亨利·维达尔首先提出加筋土的概念，采用三轴试验方法对加筋土结构的力学特性进行研究，初步分析加筋作用的加固机理，在此基础上提出加筋结构的设计理论及加筋结构力学性能的分析计算方法。维达尔于1965年设计建造了第一座现代化公路加筋土挡墙。这座挡土墙位于法国的比利牛斯山，采用镀锌金属条带作为筋材，依靠金属条带与土接触面的摩擦阻力限制土体在竖向荷载作用下产生的侧向位移，提高结构整体的承载能力和稳定性。日本于1967年将加筋土技术引入工程实践，将该技术称为"补强土工法"，首先在日本的国营铁路进行现场的原型试验，之后开展了在地震作用下加筋土结构力学性能研究，随后加筋土技术在日本的公路、城市道路、边坡等工程中得到广泛的应用。美国于1969年引进加筋土技术，批准加筋土技术可代替传统工法，成立了专门机构重点研究加筋土技术的设计与应用，加快了美国加筋土技术发展和应用[5]。西班牙、澳大利亚、加拿大等国先后引进、推广加筋土技术[6]，在世界范围内加筋土技术有了进一步的应用和发展。

1.2 土工合成材料的发展与应用

1.2.1 概述

随着高分子聚合物材料的发展，土工合成材料（Geosynthentics）应运而生，其耐久性好、耐腐蚀性好、强度高、质量轻、体积小、施工方便等优点，使土工合成材料逐步取代金属加筋材料,在岩土工程、交通工程、水利工程加筋土结构中得到推广应用,加筋技术进入新的发展阶段[7]。

20世纪70年代,加筋土技术在我国首次运用到铁路工程中,治理铁路路基的翻浆问题。云南煤矿设计院于1979年修建了我国首座加筋挡墙储煤仓。20世纪80年代,我国土工合成材料的品种、数量、质量快速发展,土工合成材料在水利、煤矿、林业公路、铁路领域广泛应用。1990年,山西省完成国内首次将加筋垫层技术应用于12层建筑的地基处理;1995年,重庆市建成长江滨江路护岸挡墙工程[8]。结合加筋土结构的大型工程、重点工程,国内众多学者开展了广泛的加筋土技术的研究工作,在理论研究、模型试验、机理分析等方面取得许多重大的研究成果。

广义来说,凡在原位土体或填方土体中埋设加筋材料,依靠加筋材料与土体的摩擦和嵌固咬合作用,以改善土体的强度、稳定性和抗变形的能力的筋材和填土交替铺设形成的复合结构被称为加筋土结构[9]。加筋土结构因具有施工易控、造价低廉、耐久性好的优点而受到各国工程界、学术界的重视。加筋土技术发展的历史就是加筋材料的发展历史。土工合成材料技术是岩土工程领域的一场革命,是继钢筋混凝土后又一造福人类的复合材料[10]。土工合成材料是以高分子聚合物(如聚丙烯、聚乙烯、聚酰胺及聚酯等)为主要原料所制成的,具有质量轻、抗拉强度高、成本低、运输和施工方便、劳动强度低等优点。土工合成材料被广泛应用在公路、铁路、港口、机场、建筑、水利领域。

在土工合成材料的发展与广泛应用的同时,加筋结构的理论研究还相当滞后,人们对加筋机理远未理解清楚[11-12]。土工合成材料的品种多,设计规范和材料测试标准不明确,在设计时,只有筋材的拉伸强度和断裂伸长率2个指标。

1.2.2 土工合成材料的分类及应用

根据《土工合成材料应用技术规范》(GB/T 50290—2014)可将土工合成材料划分为4种,分别为土工织物、土工膜、土工特种材料、土工复合材料。各土工合成材料如图1-1及表1-1所示[13]。

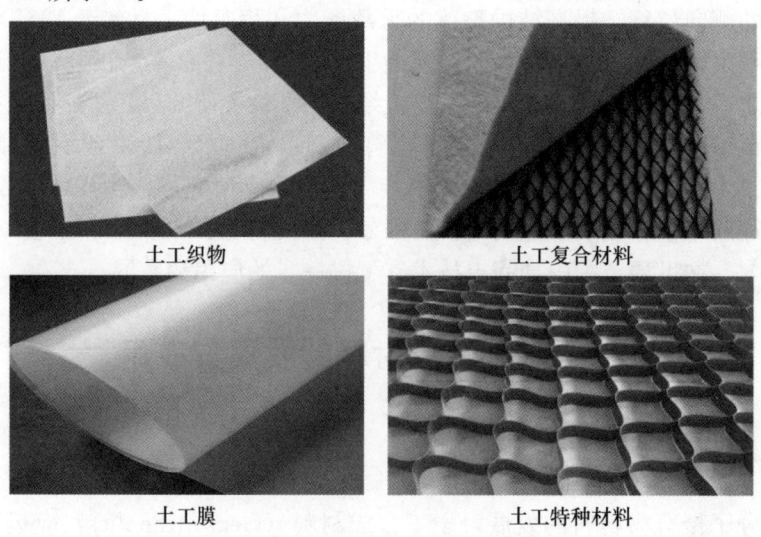

图1-1 4种土工合成材料

土工织物通常分为有纺土工织物和无纺土工织物2类，由2组正交或斜交的经纬线交织而成的是有纺土工织物，由单向纤维排列加工而成的是无纺土工织物。土工织物质量轻、抗拉强度高、施工简便，但抗老化能力和耐久性能较弱。有纺土工织物常用作加筋材料、隔离层。无纺土工织物在水利工程中常用作滤层。土工复合材料将2种或几种材料复合，将各种土工合成材料的优点和功能结合，满足工程多样化需求。常见的土工复合材料有复合土工膜、土工复合排水材料等。

土工膜有塑料土工膜、组合型土工膜、弹性土工膜等，土工膜防水、防渗、耐冲击等性能良好，但易老化，使用寿命较短，主要应用于防渗工程。

土工特种材料有土工网、土工格栅、土工格室、土工膜袋等。土工格栅可作为加筋材料，用于挡土墙及软土地基加固工程，土工格室也可用于固砂，土工膜袋常用在护坡工程。

土工复合材料防护震动对环境和建筑的影响越来越广泛，比如，打桩时产生的震动常导致邻近建筑产生裂缝、道路路面发生破坏、边坡失稳等事故。

表1-1 4种土工合成材料

土工合成材料	分类
土工织物	有纺土工织物
	无纺土工织物
土工膜	塑料土工膜
	组合型土工膜
土工特种材料	土工格栅、土工格室、土工网、土工膜袋
土工复合材料	复合土工膜
	土工复合排水材料

1.2.3 土工格栅简介

土工格栅是以高分子聚合物（高密度聚乙烯、聚丙烯等）为主要原料，经挤压、拉伸工序或在高分子聚合物内添加钢丝等材料，形成的二维或三维立体网格屏栅。土工格栅作为常用的加筋材料之一，具有强度高、模量大、韧性好、质量轻、耐腐蚀、与土颗粒之间相互作用强等优点。

按材料的不同，土工格栅可分为塑料土工格栅、钢塑土工格栅、玻璃纤维土工格栅及聚酯纤维经编土工格栅4大类（图1-2）。

（1）塑料土工格栅

塑料土工格栅按其拉伸方向不同，可分为单向土工格栅、双向土工格栅和三向土工格栅（图1-3）。土工格栅质轻、施工方便且具有一定柔性。单向土工格栅在制作的过程中仅沿长度方向即纵向进行拉伸，双向土工格栅在沿长度方向拉伸的基础上再在垂直于长度方向即横向进行拉伸，三向土工格栅除在纵向和横向进行拉伸外，又在同一平面内的其他方向（一般与纵向呈60°角）进行拉伸。对格栅进行拉伸后，组成聚合物的高分子会重新进行排列，分子排列更紧密，分子之间的联结得到加强。

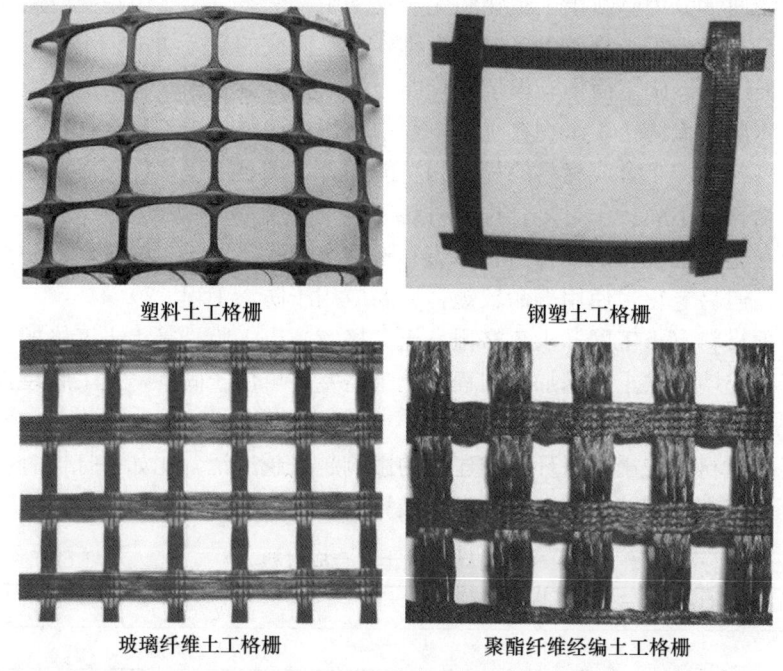

图 1-2 土工格栅的类型

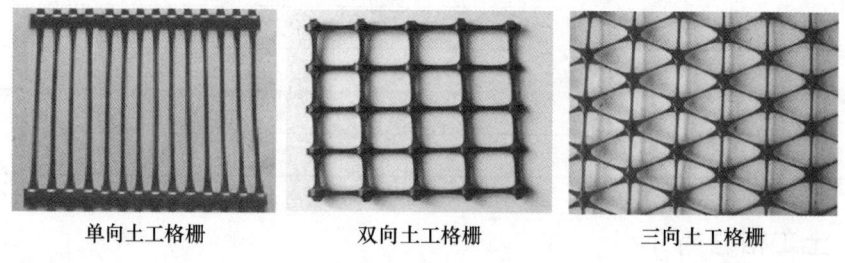

图 1-3 塑料土工格栅

单向土工格栅造价便宜、施工方便，常用于加固软弱地基，加固路堤、挡土墙等结构。双向土工格栅相比单向土工格栅应用更广泛且寿命更长，同样施工简便、造价低，可用于提高路堤、路基的承载力，洞口补强和大型的机场、码头等地的地基补强，还可用于增强边坡植草网垫的稳定性。三向土工格栅在加固路堤、路基的过程中可和土体更好地贴合，极大地增强路基的稳定性，加固效果比单向土工格栅和双向土工格栅更显著。

（2）钢塑土工格栅

钢塑土工格栅是一种高强土工格栅，原材料为高强钢丝，聚乙烯及一些辅助剂，采用模压挤出的制作工艺，有粗糙的压纹附着在土工格栅表面，它的特点是强度大、变形小、耐腐蚀、寿命长、施工方便、工期短、成本低，可用于许多永久性工程中，如使用寿命要求100年以上的建筑。

（3）玻璃纤维土工格栅

玻璃纤维土工格栅使用的原材料是玻璃纤维（主要成分为氧化硅），制造工艺采用编制手段，并且使用改性沥青对其表面进行特殊的涂覆处理，其属于半刚性制品，优点是稳定性良好、抗拉强度和拉伸模量高、延伸率低、耐磨性和抗寒性等耐久性能好、热稳定性好、抗剪强度高、其广泛应用于沥青路面，水泥路面。

（4）聚酯纤维经编土工格栅

聚酯纤维经编土工格栅使用的原材料为高强聚酯纤维，其使用编织的制作方式，采用经编定向结构，节点用高强纤维长丝固定，其抗拉强度高、延伸率小、耐腐蚀、耐酸碱性、抗老化能力强，常用于软土地基处理，路堤、路基、堤坝加固，挡土墙加筋等工程。

1.2.4 土工格栅的耐久性

在工程应用中，土工格栅为加筋土结构、地基提供抗拉强度，用来抑制土工格栅加筋结构的永久变形。在施工和使用过程中，土工格栅会不可避免地暴露于阳光、风雨、高温、严寒等环境中。作为高分子材料制品，土工格栅在长期受力作用下，随着时间的推移会引起一系列的物理、化学变化，从而影响其工程性能。由于工程建成后土工格栅的维修或更换是不可能的，如果发生事故将产生严重的后果，因此有些工程中土工格栅的应用需要50～100年的服务时间。土工格栅耐久性的影响因素主要包括蠕变、老化、施工损伤3个方面。下面主要介绍蠕变和老化作用。

蠕变是指材料在荷载作用下变形随时间的增加而增大的现象。土工格栅的蠕变性是反映其长期力学性能的重要指标。土工格栅在作为加筋材料使用的过程中，蠕变的发生不可避免，但是在建筑的使用期限内，其蠕变应有一定的限值，因此在工程实践中需要对其极限强度进行折减。由此可见，研究土工格栅的蠕变对加筋土的影响的必要性。

老化是指在施工和使用过程中土工格栅不可避免地会受到阳光、温度、水汽等环境因素的影响，材料发生物理变化或化学变化，力学性能下降。引起材料老化的因素很多，常见的为温度、氧化、水解、化学侵蚀、放射性、紫外线照射等。阳光中的紫外线是引发土工格栅老化的重要因素之一。紫外线照射引起土工格栅内高分子结构降解，产生老化。许多聚合物分子会与氧气反应引起降解，聚丙烯和聚乙烯土工格栅对氧化的反应更敏感。

1.3 国内外研究进展

1.3.1 土工合成材料蠕变特性研究进展

在国外，早在20世纪五六十年代，已开始有学者开展土工合成材料的蠕变特性的研究工作。学者通过开展大量的土工合成材料室内蠕变试验提出蠕变计算模型。Williams在1980年提出的典型的标准线性固体模型一直沿用至今。Finnigan[14]、Matichard[15]、Viezee[16]在长期的蠕变试验结果的基础上，分别提出适用于不同条件下的简单蠕变模型。Sawicki[17]、Kabir[18]、Shrestha[19]提出较为复杂的蠕变模型，通过蠕变模型模拟土工格栅的黏弹性，模拟结果更准确。Han Yong Jeon[20]通过运用时温叠加原理，预测在长期荷载作用下土工格栅的蠕变特性。

在我国，王钊[21]最早对土工格栅的室内蠕变试验开展研究。栾茂田[22]提出土工格栅蠕变的本构模型；采用时温叠加原理，提出估算土工格栅长期强度经验公式。杨果林[23]针对土工格栅开展不同条件下一系列的蠕变试验，得出了4种典型筋材的工程特性指标。郭奕崇[24]研究了高密度聚乙烯单向土工格栅的蠕变特性，考虑不同应力水平、温度和湿度的影响，认为土工格栅的实际应力水平不应大于20%。肖成志[25]通过对不同型号的土工格栅进行了一系列的室内蠕变试验，基于黏弹性理论建立了三参数经验本构模型，并提出了本构模型相关参数的确定方法。周志刚[26]在对比经典蠕变模型和室内蠕变试验的基础上，提出了土工格栅黏弹塑性损伤模型。丁金华[27]认为温度、应力水平的增加，会加快土工格栅蠕变速率，增大蠕变的变形量。

不考虑时间效应对变形的影响时，土工格栅本构关系常采用直线、双曲线和多项式3种形式表示[28]。土工格栅在长期荷载作用下表现明显的蠕变特性直接影响加筋结构的长期力学性能[29-31]。Finnigan[32]等在蠕变试验的基础上，提出了土工合成材料的短期、长期蠕变方程。Das[33]提出土的修正流变经验模型，给出了土工格栅蠕变应变速率的经验计算公式。在土工合成材料蠕变的研究领域中，与蠕变模型的研究相比，对土工合成材料的应力松弛模型的研究更少见[34-36]。丁德斌[37]等认为在相同温度条件下，长期荷载的大小对土工格栅的蠕变有显著影响。李丽华[38]提出采用时温叠加法确定土工合成材料蠕变折减系数，通过时温叠加法蠕变试验，测出高温下的蠕变特性，同时延长了主曲线，减少预测的不确定性。扫描电子显微镜（SEM）已被用于解释聚合物和土工合成材料的蠕变机理[39-41]。

综上所述，各国专家学者针对土工格栅蠕变特性开展大量试验及理论研究工作。通常采用短期室内蠕变试验的结果，求得经验公式，以推求长期荷载作用下的蠕变量。有专家主张延长蠕变加载时间，增加长期蠕变应变预测的精度。试验研究证明，土工合成材料的蠕变不仅受到筋材种类和时间的影响，同时受环境温度、原材料的结构、筋材约束条件和应力水平等因素的影响，使室内试验难以模拟实际情况。土工合成材料蠕变作用的过程缓慢，需要长时间的、持续的、稳定的试验研究，试验研究周期长。这些因素都制约土工合成材料的蠕变特性的精准定量表达。土工格栅的蠕变特性分析主要建立在试验的基础上，其设计方法和分析理论明显滞后于工程实践。许多学者关注土工格栅的蠕变效应和土工格栅的加固机理，但土工格栅的蠕变效应对加筋土的承载特性的影响尚不清楚。

1.3.2 土工合成材料老化特性研究进展

以高分子材料为主要原料的塑料土工格栅在其合成、贮存、施工及使用过程中产生表面的泛黄、龟裂、无光泽，以及拉伸强度、断裂伸长率、冲击强度等力学性能下降的现象，被称为高分子材料的老化[42-43]。高分子土工格栅分子结构中的弱键成为老化反应的突破口，以氧化反应为起点，引发一系列的化学反应。影响土工格栅老化的因素通常包括紫外线辐射、温度和湿度变化、化学侵蚀、生物侵蚀、冻融变化、酸碱度等。

早期对于材料老化性能的研究受到试验方法、研究手段限制，主要通过开展大量的室外老化试验，根据力学性能试验的结果评估老化性能[44]。

Den[45]、Heinrich[46]、Halse[47]等的研究结果表明，聚丙烯土工合成材料的耐生物降解、化学老化性能较好，对真菌、细菌、酸碱、汽油、油脂等都表现极强的耐老化能力，其机械性能不会受到较大的影响。

学者对于聚丙烯土工合成材料的老化影响因素的研究逐渐聚焦到光、热的影响上。户外老化试验能较准确地反映土工合成材料的老化性能，存在的不足为试验周期较长。人工加速气候老化试验能在实验室环境可控的条件下，在较短的时间测试土工合成材料的老化性能。人工加速气候老化和户外老化在给定的时间内，建立两者在老化性能达到规定值时所需的有效时间之比，建立变换系数，用外推法建立一个寿命预测经验模型。

在国外，Langshaw[48]在1960年提出寿命函数法，引入温度、光照、氧、氧化剂、水和应力影响系数，提出老化速率计算公式。这个模型成为之后各种其他寿命函数的代表。Kamal[49]在1966年引入暴露参数提出暴露参数法老化计算公式，考虑暴露条件和动力学参数影响。Thomas[50]等建立了聚丙烯土工织物氙灯人工加速老化和南佛罗里达州晒场户外老化相关模型。采用"能量等值"原理，认为累计紫外线辐射能相等时，在两种老化条件下聚丙烯土工织物的拉伸断裂强度是一致的。Den[51]，Rankilor[52-53]，McGown和Andrawes[54]等分别对多种土工合成材料进行了户外暴露试验，发现炭黑可明显改善土工织物的耐久性，厚纤维材料有更好的抗紫外线能力；聚丙烯有纺土工织物的强度损失高于聚丙烯无纺土工织物，宽样条拉伸特性和蠕变特性试验之间存在交叉的关联性，特性指标试验数据不能准确反映土工织物长期的应力应变情况。Koerner[55]对7种不同类型土工织物的光老化试验表明材料的强度损失率与紫外线强度相关，紫外线强度越高，材料损失的强度越大。Hanyong和Jeon[56]研究表明聚丙烯和聚酯非织造布在氙弧灯试验条件下暴露500h后，强度降低30%～70%，拉伸应变减少16%～40%。Cazzufi[57]等对土工格栅进行广泛测试，以评估大气状况的影响，执行测试的周期和方法根据ISO 4892-3和ASTM G53测试方法选择，在UVB-313型荧光紫外线中60℃下暴露4h，在50℃凝露中暴露4h。为了验证环境状况的正确解释，将UVB装置中暴露获得的结果荷载与意大利米兰沿纬度45°平行开展的室外暴露结果相对比，选择在砂石上施工的样品，从而模拟典型土工合成材料应用环境，得出土工格栅在一般气候条件和温度下，长期暴露于紫外线辐射中7.5年，抗拉强度下降12.11%。

我国学者蒋文凯、周德存[58]等对公路工程4种常用的土工合成材料分别进行了加速老化试验，得到老化后抗拉强度随老化时间变化的规律；通过烘箱老化试验及低于（55℃）和高于（80℃）标准温度（60℃）的对比试验，得到热氧老化强度损失和光热老化强度损失中占比。谈泽炜[59]等用荧光紫外灯对6种合成材料进行了人工加速老化试验，对水下织物的老化进行了探讨，得出了当水深为3m时，光辐射强度减少91.6%，土工合成材料的老化程度降低。白建颖[60]采用大气暴露老化、模拟覆盖老化及现场老化试验等方法，对土工合成材料的强度用碳弧灯进行观察和测试，发现不同材料的抗老化差异很大。

1.3.3 土工合成材料筋土界面特性研究进展

加筋结构是通过土工合成材料与填料之间的相互作用限制结构变形，起加固作用。正确理解和测定土工格栅加筋结构界面特性对加筋土结构涉及的经济性、安全性和合理性起至关重要的作用。

国内许多学者（如施有志和马时冬等[61-78]）通过开展大量的室内试验，对土工格栅与不同类型土体的筋土界面参数及其影响因素进行研究。根据对研究结果的总结可知，筋土界面特性试验手段以直剪试验、拉拔试验为主；研究的填料类型涉及黏土、红黏土、砂土、砾石、残积土等土质；考虑的影响因素主要为试验方法、加载方式、垂直应力、剪切或拉拔速率、边界效应、尺寸效应、填料厚度、压实度等。

王家全[69]、周健[70-72]通过结合室内试验和颗粒离散元分析的结果，从细观角度研究了土工合成材料与周围土体位移发展规律以及筋土相互作用，分别对土工合成材料拉拔试验和直剪试验进行宏细观研究，认为界面内孔隙、接触数等细观参数变化剧烈。陈榕[75]通过室内拉拔试验，在对格栅表面上的摩擦力进行全段积分的基础上，提出土工格栅拉拔力的时程函数。周志刚[76]提出三参数黏弹性模型，描述低应力水平下土工格栅的蠕变特性。

Wilson-Fahmy[79]通过开展土工格栅在不同长度下的拉拔试验，土工格栅的荷载位移响应，发现土工格栅的长度、拉拔荷载、锚固端的距离等因素与其界面摩擦力有关。Sugimoto[80]通过室内拉拔试验发现试验盒壁上的摩擦不可忽略。Liu[81]通过大型直剪试验，认为筋土界面剪切强度与土工格栅的拉伸强度、栅孔尺寸有关。Nakamura[82]根据直剪试验结果提出土中土工格栅变形估算的方法。

综上可知，国内外土工合成材料筋土界面相互作用研究多集中在以下影响因素的研究方面：试验方法、加载方式、锚固端的距离、尺寸效应、垂直应力、边界条件；填料的相对密度、厚度；土工格栅刚度、横向拉伸强度、栅孔尺寸。

1.3.4 加筋土承载特性研究进展

王协群[83]基于极限平衡理论分析了加筋地基的承载力，得出从试验结果整理筋材折减系数的方法、合理确定筋材长度及筋材拉力的公式、详细的加筋地基设计方法。黄仙枝[84]根据室内外加筋土承载力试验，分析不同加筋参数对加筋垫层地基性能的影响，考虑筋材、加筋层数、首层加筋间距、加筋间距、加筋线密度等对加筋垫层地基承载力的影响，提出适用于条形基础、矩形基础的土工带加筋垫层地基承载力计算公式。陈华[85]通过开展土工格栅加筋土挡墙试验，探究土工格栅加筋土挡墙墙底垂直压力分布、筋材拉力和变形规律、挡墙的破裂面形状等，揭示土工格栅加筋土挡墙的力学特性。侯娟[86]以"新型水平-竖向加筋地基"为研究对象，通过室内模型试验、颗粒流数值模拟及理论分析，对H-V加筋地基的承载力、影响H-V加筋地基的加筋效果和H-V加筋地基的加固机理等方面进行系统研究。以Terzaghi地基承载力理论为基础，提出了水平加筋及H-V加筋地基的承载力计算方法。董彦莉[87]通过室内模型试验对土工格栅加筋砂土开展载荷试验研究，认为土工格栅加筋可提高砂土地基的极限承载力、刚度、地基模量，引入筋材抗拉强度发挥系数，提出修正的加筋地基的计算方法。刘泽[88]基于塑性极限分析的上限法理论，获得生态型加筋土挡墙的承载能力计算公式。金顺浩[89]通过对土工格栅加筋结构的抗弯承载特性和筋土界面特性开展试验研究，探讨土工格栅加筋土的加固机理。在模型试验中将变形量测系统用于分析地基加筋变形破坏的位移图像，研究加筋地基的破坏模式及破坏面的发展机理。王贺[90]对动力荷载下的加筋土结构行为及其演化过程、关键影响因素及竖向沉降和水平位移的计算方法进行系统研究。

随着土工合成材料的广泛应用，加筋土模型试验和设计方法也在不断发展。国内外学者采用室内直剪、拉拔试验、现场试验、室内模型试验、极限平衡分析、数值模拟等对格栅加筋土结构特性进行研究。从总体上看，对加筋机理的研究和效果评价尚不完善，加筋结构的设计和施工方法等都存在一些问题，亟待进一步研究。土工格栅的应用量大，加筋结构使用效果良好，但工程实践远超前于理论，特别是建筑加筋地基的应用，尚缺乏考虑蠕变、老化作用的加筋地基的承载力计算的实用公式。

1.4 本书的主要研究内容

1.4.1 本书研究的目的及意义

多年来，国内外学者对土工格栅加筋结构进行大量试验和理论研究，主要集中在以下3个方面：

（1）筋土界面特性的试验手段以直剪和拉拔试验为主，研究的焦点多集中在剪切速率、边界条件、填料特性及格栅的物理特性对筋土界面特性的影响上。由于加筋作用的复杂性，筋土界面研究尚处于半定量和半经验的水平，筋土界面机理远未理解清楚。

（2）关于土工合成材料的蠕变、老化性能的研究，主要集中在土工合成材料的蠕变变形、抗紫外线老化性能、老化影响因素、材料强度影响及使用寿命方面的研究。

（3）关于加筋土结构承载特性方面，主要通过模型试验、数值模拟、现场试验对不同加筋参数和土类条件下的加筋土结构进行研究。对于受蠕变和老化影响的加筋土筋土界面特性的研究及对加筋土地基工作效应影响的研究，国内外鲜有文献报道。

土工格栅的蠕变、老化问题对科学使用土工格栅极为重要。如何正确评估土工格栅蠕变、老化特性对加筋地基影响，是目前加筋工程中最关心的问题之一。因此，急需对加筋工程的长期力学特性展开深入研究。土工格栅在使用过程中具有黏弹性的特征，且其性质受环境影响较大，蠕变、紫外线老化作用与筋土界面特性及地基土承载力、变形特性关系密切，本书考虑蠕变、紫外线老化作用对加筋土筋土界面性能的影响，对受到蠕变、老化作用的土工格栅加筋土地基的承载特性进行试验及理论分析。

1.4.2 本书的主要研究内容

本书结合国家自然科学基金课题"考虑蠕变、老化影响的土工格栅与土界面机理及加筋土承载特性研究"（51578359），以工程中广泛应用的2种聚丙烯双向土工格栅为研究对象，选择标准干砂为填料，通过土工格栅蠕变试验、紫外线老化试验、大型直剪试验、室内土工槽模型试验，研究土工格栅的蠕变、紫外线老化作用对加筋土筋土界面及加筋土地基强度、变形特性的影响，建立土工格栅黏弹塑性模型，为土工格栅加筋土地基的工程应用提供理论依据和设计参数。研究主要包括以下内容：

（1）利用自主研制的土工格栅蠕变试验设备，对聚丙烯双向土工格栅在不同应力水平条件下进行室内蠕变试验，得到土工格栅低应力下的加卸载全过程曲线及高应力下的加速蠕变曲线，并进行土工格栅黏弹塑性分析，提出一种可反映土工格栅加卸载全过程及加速蠕变的黏弹塑性模型。

（2）利用扫描电子显微镜摄取蠕变前后土工格栅试样的 SEM 图像，分析蠕变过程中土工格栅节点、纵肋和横肋微裂纹分布规律，从微细观角度解释土工格栅蠕变机理。

（3）借助氙灯耐气候老化试验箱对土工格栅开展热氧老化、光氧老化试验，从格栅类型、老化方式、喷淋方式、老化温度、老化时长等角度对土工格栅的抗拉强度、断裂伸长率等力学性能的影响规律进行对比分析，探究影响土工格栅老化的重要因素和老化影响的预测。

（4）借助大型直剪仪和大型土工槽，分别开展考虑土工格栅蠕变、老化、老化与蠕变耦合作用影响的土工格栅加筋土的界面特性及承载特性试验研究，建立考虑土工格栅长期性能影响的加筋地基承载力计算公式。

1.5　参考文献

[1]《土工合成材料工程应用手册》编委会. 土工合成材料工程应用手册［M］. 北京：中国建筑出版社，2000.

[2] 中国大百科全书总编辑委员会，《土木工程》编辑委员会. 中国大百科全书：土木工程［M］. 北京：中国大百科全书出版社，1987.

[3] 中国建筑史编辑委员会. 中国建筑史［M］. 北京：中国建筑工业出版社，1962.

[4] DEWAR S. The old roads in Britain［J］. The Countryman，1962，59（3）：547-555.

[5] 景键，李燕辉. 论加筋土挡墙技术［J］. 四川水利发电，2002，21（1）：113-117.

[6] 时钟伦. 回顾我国加筋土挡墙的发展概况［J］. 路基工程，1991，35（5）：67-72.

[7] 陈昌林，姚明善. 土工格栅技术概论［J］. 水运工程，1998.

[8] 何光春. 加筋土工程设计与施工［M］. 北京：人民交通出版社. 2000.

[9] GIROUD J P. From geotextile to geosynthetics, a revolution in geotechnicl engineering［C］. Proceedings of 3rd International Conference on the Geotextile，1986：1-18.

[10] 杨果林. 现代加筋土技术应用于研究进展［J］. 力学与实践，2002，24（1）：9-17.

[11] 包承纲，周小文. 20 世纪土力学的回顾和未来发展趋势的预测［J］. 长江科学院院报，2000，17（2）：29-33.

[12] 李广信. 有关土的相互作用问题［J］. 岩土工程学报，1996，18（6）：111-114.

[13] 中华人民共和国交通运输部. 公路土工合成材料应用技术规范：JTG/T D32－2012［S］. 北京：人民交通出版社，2012.

[14] FINNIGAN J A. The creep behavior of high tenacity yarns and fabrics used in civil engineering application［C］. Proceedings of the International Conference on the Use of Fabrics in Geotechnics. Paris，1977：305-309.

[15] MATICHARD Y，LECELERQ B，SEQOUIN M. Creep of geotextiles：soil reinforcement applications［C］. Proceedings of the Fourth International Conference on Geotextiles，The Hague，1990：661-665.

[16] VIEZEE D J，VOSKAMP W. Designing soil reinforcement with woven geotextiles-The effect of mechanical damage and chemical ageing on the long-term performance of polyester fibres and fabrics［C］. Proceedings of the Fourth International Conference on Geotextiles，The Hague，1990：651-656.

[17] SAWICKI A A. Basis for modeling creep and Stress relaxation behavior of geogrids［J］. Geosynthetics International，1998，5（6）：637-645.

[18] KABIR M H. In-isolation and in-soil behavior of geotextiles [D]. The Glasgow: Universityof Strathclyde, 1984.

[19] SHRESTHA S C, BELL J R. Creep behavior of geotextiles under sustained loads [C]. Proceeding of the Second International Conference on Geotextiles, Las Vegas, Nevada, 1982: 769-774.

[20] HAN Y J, SEONG H K, HAN K Y. Assessment of long-term performances of polyester geogrids by accelerated creep test [J]. Polymer Testing, 2002, 21 (5): 489-495.

[21] 王钊. 土工合成材料的蠕变试验 [J]. 岩土工程学报, 1994, 16 (6): 96-102.

[22] 栾茂田, 肖成志, 杨庆, 等. 土工格栅蠕变特性的试验研究及黏弹性本构模型 [J]. 岩土力学, 2005, 26 (2): 187-192.

[23] 杨果林, 王永和. 加筋土筋材工程特性试验研究 [J]. 中国公路学报, 2001, 14 (3): 11-16.

[24] GUO Y, XIN C, SONG M, et al. Study on short and long-term creep behavior of plastics geogrid [J]. Polymer Testing, 2005, 24 (6): 793-798.

[25] 肖成志, 栾茂田, 杨庆, 等. 土工格栅经验模型及其参数试验 [J]. 中国公路学报, 2006, 19 (6): 19-24.

[26] 周志刚, 李雨舟. 土工格栅蠕变特型及其黏弹塑性损伤本构模型的研究 [J]. 岩土工程学报, 2011, 33 (12): 1943-1949.

[27] 丁金华, 童军, 张静, 等. 环境因素对土工格栅蠕变特性的影响 [J]. 岩土力学, 2012, 33 (7): 2048-2054.

[28] 闫澍旺, BEN B. 土工格栅与土相互作用的有限元分析 [J]. 岩土工程学报, 1997, 19 (6): 56-61.

[29] 杨果林. 加筋土筋材长期荷载蠕变试验研究 [J]. 煤炭学报, 2001, 26 (2): 132-136.

[30] 王钊. 土工织物的拉伸蠕变特性和预拉力加筋堤 [J]. 岩土工程学报, 1992, 14 (2): 12-19.

[31] 杨果林, 王永和. 加筋土筋材工程特性试验研究 [J]. 中国公路学报, 2001, 14 (3): 11-16.

[32] FINNIGAN J A. The creep behaviour of high tenacity yarns and fabrics used in civil engineering application [C]. Proceedings of the International Conference on the Use of Fabrics in Geotechnics. Paris, 1977: 305-309.

[33] DAS M. Creep behavior of geotextiles [A]. Proceedings of the fourth international conference on geotextiles [C]. Netherlands: The Hague, 1990. 667-674.

[34] SHAW M T, MACKINGHT W J. 聚合物黏弹性引论 [M]. 李怡宁, 译. 上海: 华东理工大学出版社, 2012.

[35] 周光泉, 刘孝敏. 黏弹性理论 [M]. 合肥: 中国科学技术大学出版社, 1996.

[36] 徐朝阳, 李大纲, 倪文斌. 聚丙烯打包带应力松弛特性研究 [J]. 塑料工业, 2010, 32 (12): 56-58.

[37] 丁德斌, 将江松, 何光春, 等. 土工格栅蠕变特性试验研究 [J]. 公路交通技术, 2006, (4): 25-29.

[38] 李丽华, 王钊, 唐建设. 时温叠加法确定土工合成材料蠕变折减系数 [J]. 岩土力学, 2005, 26 (1): 113-116.

[39] SELLES N, SAINTIER N, LAIARINANDRASANA L. Voiding mechanisms in semi-crystalline polyamide 6 during creep tests assessed by damage based constitutive relationships and finite elementscalculations [J]. International Journal of Plasticity, 2016, 86, 112-127.

[40] GHOSH S K, PRUSTY R K, RATHORE D K. Creep behaviour of graphite oxide nanoplates embedded glass fiber/epoxy composites: Emphasizing the role of temperature and stress. Composites: Part A. 2017, 102: 166-177.

[41] JAHANDARI S, LI J, SABERIAN M. Experimental study of the effects of geogrids on elasticity modulus, brittleness, strength, and stress-strain behavior of lime stabilized kaolinitic clay [J]. GeoResJ. 2017, 13: 49-58.

[42] 化学工业部合成材料老化研究所. 高分子材料老化与防老化 [M]. 北京: 化学工业出版社, 1979.

[43] 贾原福次. 塑料的老化 [M]. 吴三硕, 译. 北京: 国防工业出版社, 1977.

[44] 杨旭东. 聚丙烯土工织物的使用寿命预测 [D]. 上海: 东华大学, 2005.

[45] DEN H G. Durability Experience in the Netherlands [J]. Durability and Aging of Geosynthetics. Elsevier, London, 1989, 82-94.

[46] HEINRICH S. Long-term performance of polypropylene geosynthetics [J]. Durability and Aging of Geosynthetics. Elsevier, London, 1989, 95-109.

[47] HALSE Y, KOERNER R M, LORD A E. Effect of high levels of alkalinity on geotextiles-part ICa (OH)$_2$ solutions. Geotextiles and Geomembranes, 1987, 5 (4), 261-282.

[48] LANGSHAW H J M. The Weathering of high polymers [J]. Plastics (Chicago), 1960, 25, 40-53.

[49] KAMAL M R. Effect of variables in artificial weathering on the degradation of selected plastics. Polymer Engineering Science, 1966, 6 (4), 333-340.

[50] THOMAS L, BAKER P E. Long term relationship of outdoor exposure to xenon-arc test apparatus exposure [C]. Proceedings of 97' Conference on Geosynthetics, Long Beach, Indus. Fabrics. Assoc. Inter, St. Paul, 1997, 1, 177-190.

[51] DEN G, HOEDT G. Durability experience in the Netherlands [J]. Durability and aging of geosynthetics, 1989: 82—93.

[52] RANKILOR P R, Problems relating to light degradation and site testing of geotextiles-interim results of an International weathering programme [C]. Durability of Geotextiles, RILEM, Chapman and Hall, London, United Kingdom, Proceedings of seminar held in St. Remy-les-Chevreuse, France, 1986, 11: 197-206.

[53] RANKILOR P R. The Weathering of fourteen different geotextiles in temperate, tropical, desert and permafrost conditions, proceedings of the fourth international conference on geotextiles, geomembranes and related products, Balema, The Hague, Netherlands, 1990, 5 (2): 719-722.

[54] MCGOWN A, ANDREWS K A, AL-MUDHAF H. Assessment of the effects of long-term exposure on the strength of geotextiles and geogrids, proc. geosynthetics conference, Nashville, USA, IFAI Pub., 1995, 939-950.

[55] KOERNER G R, HSUAN G Y, KOERNER R M. Photo-initiated degradation of geotextiles. Journal Geotechnical and Geoenvironmental Engineering [J]. ASCE 124 (12), 1998. 1159-1166.

[56] JEON H, 王戎戎, 梁洪丽. 评估土工合成材料的抗紫外线及耐化学老化性能 [J]. 产业用纺织品, 2001 (1): 39-41.

[57] CAZZUFI D, FEDE L, VILLA C, et al. The assessment of the effects of natural and lab weathering exposure of geosynthetics [C]. Proceedings Sardinia, Fourth Landfill Symposium, S. Margherit a di Pula, Cagliari, Italy, 1995.

[58] 蒋文凯, 周德存, 姚焕玫. 土工合成材料紫外线老化室内加速试验的研究 [J]. 路基工程, 2007 (5): 63-64.

[59] 谈泽炜, 王正心. 长江口深水航道治理工程一期工程土工织物防老化问题探讨 [J]. 中国港湾建设, 2000 (4): 19-23.

[60] 白建颖. 土工布老化试验研究 [J]. 纺织学报, 1996 (5): 314-316.
[61] 施有志, 马时冬. 土工格栅的界面特性试验 [J]. 岩土力学, 2003, 24 (2): 296-299.
[62] 徐林荣, 凌建明, 刘宝琛. 土工格栅与膨胀土界面摩擦阻力系数试验研究 [J]. 同济大学学报, 2004, 32 (2): 172-176.
[63] 杨广庆, 杨春玲. 土工格栅拉拔试验影响因素分析 [J]. 地下空间, 2004, 24 (1): 31-32.
[64] 杨广庆, 李广信, 张保俭. 土工格栅界面摩擦特性试验研究 [J]. 岩土工程学报, 2006, 28 (8): 948-952.
[65] 马存明, 周亦唐, 廖海黎, 等. 塑料土工格栅加筋土抗拉拔特性试验研究 [J]. 中国铁道科学, 2004, 25 (3): 36-39.
[66] 包承纲, 汪明远, 丁金华. 格栅加筋土工作机理的试验研究 [J]. 长江科学院院报, 2013, 30 (1): 34-41.
[67] 包承纲. 土工合成材料界面特性的研究和试验验证 [J]. 岩石力学与工程学报, 2006, 26 (9): 17-35.
[68] 包承纲. 土工合成材料应用原理与工程实践 [M]. 北京: 中国水利水电出版社, 2008.
[69] 王家全. 土与土工格栅相互作用的宏细观机理研究 [D]. 上海: 同济大学, 2009.
[70] 刘文白, 周健. 土工格栅与土界面作用特性试验研究 [J]. 岩土力学, 30 (4): 965-970.
[71] 周健, 唐群艳, 王家全, 等. 土工格栅横肋与砂土接触面的细观试验 [J]. 同济大学学报（自然科学版）, 2010, 38 (8): 1128-1134.
[72] 周健, 孔祥利, 鞠庆海, 等. 土工合成材料与土界面的细观研究 [J]. 岩石力学与工程学报, 2007, 26 (S1): 31-96.
[73] 徐超, 廖星樾. 土工格栅与砂土相互作用机制的拉拔试验研究 [J]. 岩土力学, 2011, 32 (2): 423-428.
[74] 徐超, 石志龙. 循环荷载作用下筋土界面抗剪特性的试验研究 [J]. 岩土力学, 2011, 32 (3): 655-660.
[75] 陈榕, 栾茂田, 赵维, 等. 土工格栅拉拔试验及筋材摩擦受力特性研究 [J]. 岩土力学, 2009, 30 (4): 960-964.
[76] 周志刚, 李雨舟. 基于土工格栅黏弹特性的加筋土本构模型研究 [J]. 岩石力学与工程学报, 2011, 30 (4): 850-857.
[77] 史旦达, 刘文白, 水伟厚, 等. 单、双向塑料土工格栅与不同填料界面作用特性对比试验研究 [J]. 岩土力学, 2009, 30 (8): 2237-2244.
[78] 冯晓静, 杨庆, 李首龙, 等. 含水量对红黏土中土工格栅拉拔性能影响的试验研究 [J]. 岩石力学与工程学报, 2009, 28 (2): 4059-4064.
[79] WILSON-FAHMY R F, KOERNER R M, SANSONE L J. Experimental behavior of polymeric geogrids in pullout [J]. Journal of Geotechnical Engineering, 1994, 120 (4): 661-677.
[80] SUGIMOTO M, ALAGIYAWANNA A M N, KADOGUCHI K. Influence of rigid and flexible face on geogrid pullout tests [J]. Geotextiles and Geomembrances, 2001, 19: 257-277.
[81] LIU C N, HO Y H, HUANG J W. Large scale direct shear tests of soil/PET-yarn geogrid interfaces [J]. Geotextiles and Geomembrances, 2009, 27: 19-30.
[82] NAKAMURA T, MITACHI T, IKEURA I. Direct shear testing method as a means for estimating geogrid-sand interface shear-displacement behavior [J]. Soils and Foundations, 1999, 39 (4): 1-8.
[83] 王协群. 土工合成材料加筋地基的极限平衡设计与加筋材料的研究 [D]. 武汉: 武汉理工大学, 2003.
[84] 黄仙枝. 土工带加筋碎石垫层地基的试验、应用及理论研究 [D]. 太原: 太原理工大学, 2005.
[85] 陈华. 土工格栅加筋土挡墙力学特性试验研究 [D]. 北京: 中国铁道科学研究院, 2011.

[86] 侯娟. 条形浅基下 H-V 加筋地基的承载性能和加筋机理研究 [D]. 上海：上海大学，2010.
[87] 董彦莉. 土工格栅加筋砂土的特性研究及加筋垫层的承载力计算 [D]. 太原：太原理工大学，2011.
[88] 刘泽. 生态型加筋土挡墙动静力学特性试验研究与数值分析 [D]. 长沙：中南大学，2012.
[89] 金顺浩. 土工格室加筋土加固机理的研究 [D]. 哈尔滨：东北林业大学，2013.
[90] 王贺. 静动荷载作用下高速铁路土工格栅加筋土挡墙结构行为研究 [D]. 北京：北京交通大学，2016.

2 土工格栅蠕变特性研究

2.1 引 言

聚丙烯土工格栅以聚丙烯为原料,经塑化挤出、板材、冲压、加热、拉伸而成,拉伸后分散的链分子重新排列,充分提高格栅的拉伸强度和刚度。双向土工格栅由横向肋、纵向肋和网孔组成,其加固效果主要表现在纵横肋表面与土的摩擦、土对格栅肋的被动阻抗、格栅孔对土的嵌固咬合效应。土工格栅可分散土中的应力,限制其附近土体的横向变形。

聚丙烯土工格栅的主要原料是高分子聚合物,具有聚合物的蠕变特性。在外力的作用下,其应力、应变、强度特性会随着加载时间的延长而变化。土工格栅的蠕变可能使加筋结构产生过大的变形或强度降低,从而导致加筋结构的失效。土工格栅的蠕变特性和土的流变性是加筋结构长期特性的重要影响因素。

蠕变试验大致可分为2类,即长期恒荷载下的室内蠕变试验及采用时温叠加法的加速蠕变试验。对于长期荷载作用下的室内蠕变试验,多数国家规范规定,应进行1000h以上的长期蠕变试验。对于时温等效原理进行的室内加速蠕变试验,是在某一荷载高温作用下相对短时间内的蠕变等价于低温作用下相对长时间内发生的蠕变[1-16]。

为了考虑土工格栅的力学特性对加筋结构变形和长期稳定性的影响,加筋土结构计算的经验型本构模型有未考虑时间效应的线性、双曲线、多项式曲线模型[14-16],考虑土工格栅的蠕变特性产生的受荷下的时间效应,学者提出一些元件模型、内时模型和经验模型等[17-21],体现土工合成材料的黏弹性或黏弹塑性力学特性。这些模型不能完全准确地反映不同试验条件下的蠕变试验规律。

本书通过利用本课题组自主研制的土工格栅蠕变试验设备,选取常用的2种不同型号的聚丙烯双向土工格栅,在荷载条件为20%、30%、40%、60%UTS下开展了加载时长不低于1000h的室内蠕变试验,利用扫描电子显微镜获取蠕变前后的节点和纵、横肋条表面微观结构SEM图像,对蠕变前后的微裂纹分布规律进行分析,并从微细观角度解释土工格栅的蠕变机理。

2.2 蠕变折减系数取值现状

目前,国内外对加筋土结构中土工格栅长期强度的确定是基于容许应力设计方法进行计算的[22]。在设计末期,土工格栅的抗拉强度小于实验室测得的原始极限拉伸强度。土工格栅的设计抗拉强度为土工格栅的最大拉伸强度除以每个极限状态的安全系数。蠕变折减系数的取值对工程的安全性和经济性关系重大。国内外研究学者对此分歧很大,成为导致加筋结构设计严重保守的主要原因之一[23]。影响土工格栅特性的折减系数通常有多个，折减系数的种类和取值各国差异很大。

美国联邦公路管理局（FHWA）标准是目前国际上较认可的标准，中国现行规范也参照此标准。该标准先对加筋材料的强度进行蠕变、老化、施工损伤折减，再除以安全系数[23]。

$$T_{al}=\frac{T_{ult}}{F_{CR}F_{D}F_{ID}} \tag{2-1}$$

$$T_{a}=\frac{T_{al}}{F_{s}} \tag{2-2}$$

式中，T_{ult} 为土工格栅极限抗拉强度，kPa；T_{al} 为土工格栅长期拉伸强度 kPa；T_a 为设计容许的土工格栅长期拉伸强度，kPa；F_{CR} 为蠕变折减系数；F_D 为老化折减系数；F_{ID} 为损伤折减系数；F_s 为筋材安全系数，加筋挡土墙取 1.5；加筋土坡取 1.0。

在日本，土工格栅强度折减系数主要用于计算由于蠕变、安装损坏、化学与生物过程引起的劣化及任何连接节点处的抗拉能力降低而造成的潜在的强度损失。

$$T_{al}=\frac{T_{ult}}{RF}=\frac{T_{ult}}{RF_{CR}\times RF_{ID}\times RF_{D}\times RF_{J}} \tag{2-3}$$

式中，RF 为土工格栅强度折减系数；RF_{CR} 为蠕变折减系数；RF_{ID} 为施工损伤强度折减系数；RF_D 为化学、生物的降解强度折减系数；RF_J 为考虑土工格栅的连接接头对强度的降低的折减系数。

国内外规范建议的蠕变折减系数如表 2-1 所示，按土工合成材料的原材料类别区分。由表 2-1 可知，蠕变折减系数取值较高。

表 2-1 国内外规范建议的蠕变折减系数[23]

规范（标准）	聚丙烯（PP）	聚乙烯/高密度聚乙烯（PE/HDPE）	聚对苯二甲酸乙二醇酯（PET）
FHWA（美）	5~4	5~2.6	2.5~1.6
EBGEO（德）	6.0	6.0	—
GB（中）	5~4	5~2.5	2.5~2.0
公路规范（中）	5~4	5~2.6	2.5~1.6

2.3 土工格栅蠕变特性试验

2.3.1 蠕变试验材料

本书选用坦撒土工合成材料（中国）有限公司生产的在工程中广泛使用的 2 种不同规格的聚丙烯双向土工格栅（图 2-1）作为研究对象。依据土工格栅的抗拉强度确定荷载水平，针对不同的荷载水平开展土工格栅室内蠕变试验。

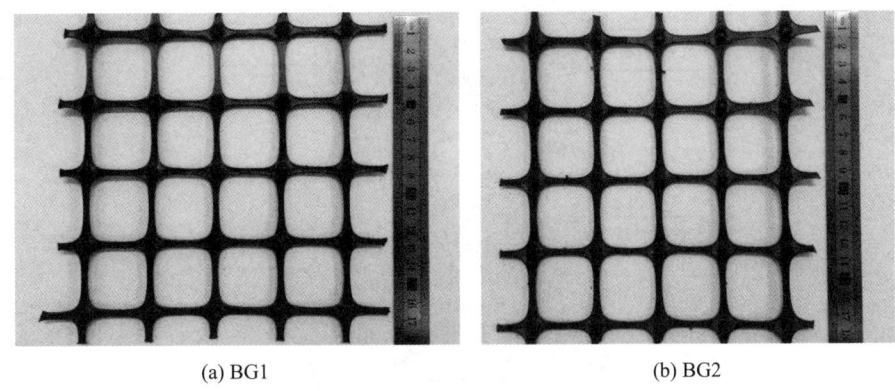

(a) BG1　　　　　　　　　　　　(b) BG2

图 2-1　聚丙烯双向土工格栅

土工格栅的力学性能检测采用 ETM504C 型电子万能试验机，系统自带 Test Pilot 软件实时显示荷载值、位移值、试验速度等试验结果、绘制试验曲线。

《土工合成材料测试规程》（SL 235—2012）[24]，采用多肋法，在土工格栅卷纵向和横向随机剪取 10 个试样开展拉伸试验。为保证试验过程中夹具对土工格栅的良好加持，土工格栅夹持长度取 100mm，拉伸速率为 200mm/min。土工格栅的力学性能指标如表 2-2 所示。

表 2-2　土工格栅的力学性质指标

试样编号	网格尺寸/(mm×mm)	抗拉强度/(kN/m)	断裂伸长率/%	2%伸长率的拉伸强度/(kN/m)	5%伸长率的拉伸强度/(kN/m)	拉伸模量/MPa	单位面积质量/(kg/m²)
BG1	35×33	15.2	12.3	6.2	11.4	267	0.4
BG2	33×32	25.5	14.1	8.5	16.5	370	0.5

考虑土工格栅的网状结构及试样的尺寸效应，根据《土工合成材料测试规程》（SL 235—2012）[24] 及 ISO 13431 标准，需要保证试验时试样不少于 3 根肋条，试样尺寸的宽度不超过 200mm。本次蠕变试验土工格栅试样的长度为 400mm，格栅试样的宽度为 200mm，6 根纵向肋条。

2.3.2　蠕变试验设备

采用本课题组自行研制的蠕变试验设备（图 2-2、图 2-3）开展室内蠕变试验。蠕变试验设备主要由支承系统、夹具系统、量测系统、加载系统 4 个部分组成，其中支承系统由钢结构的工字钢和角钢通过螺栓连接而成。在蠕变试验过程中，为保证蠕变试验数据的精确性，蠕变设备的夹持方法至关重要。该设备的夹具系统主要由夹具钢板和钢板内侧设置的橡胶垫片及螺栓组成；钢板内侧设置橡胶垫片为防止加载过程中，在长期荷载作用下土工格栅与钢板发生滑动，影响测试精度；用螺栓为夹具系统提供夹持力。夹具一端固定在支承系统上，另一端与加载系统连接。采用百分表量测土工格栅试样的变形。在加载系统中，砝码用来为试样施加荷载。

图 2-2 蠕变试验系统

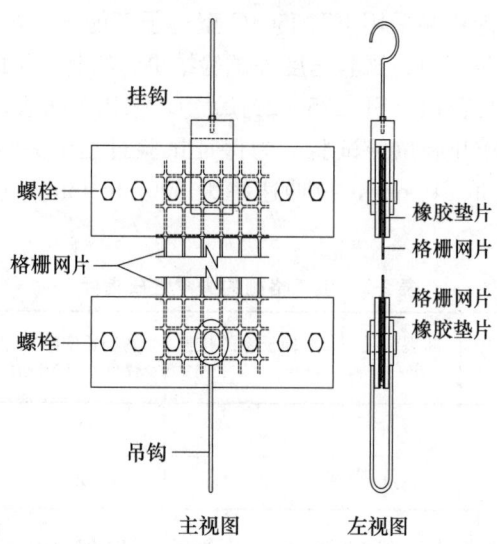

图 2-3 土工格栅蠕变试验夹具与加持方法

2.3.3 蠕变试验环境

为避免土工格栅试样受室外阳光等外界环境因素的影响，蠕变设备设置于室内阳光不能直射的地方，蠕变试验过程中保持环境温度为（20±3）℃，相对湿度为20%～30%。

2.3.4 蠕变荷载水平及变形观测时间间隔

蠕变试验的荷载水平设计为土工格栅极限抗拉强度的20%、30%、40%、60%。土工格栅的极限抗拉强度（Ultimate Tensile Strength）用"UTS"表示。聚丙烯双向土工格栅BG1、BG2在各荷载水平（又称"应力水平"）的蠕变荷载设计如表2-3所示。蠕变荷载采用砝码缓慢而平滑地进行加载，每经过一定时间，对土工格栅的变形值进行量测。蠕变变形量测的时间间隔为1min、2min、4min、8min、12min、30min、1h、2h、4h、8h、10h、20h、50h、100h，其后每100h量测一次，直至1000h。

土工格栅的有效计算长度为上下夹具之间的净距。上部夹具固定，下部夹具活动，通过百分表测量下部夹具的变化量，通过计算得到土工格栅试验的蠕变应变。

表 2-3　蠕变荷载设计

格栅类型	极限抗拉强度/(kN/m)	应力水平/%	荷载/kN	质量/kg
BG1	15.2	20	0.602	61.42
		30	0.912	93.06
		40	1.216	124.08
		60	1.824	186.12
BG2	25.5	20	1.020	104.08
		30	1.530	156.12
		40	2.040	208.16
		60	3.060	312.24

土工格栅蠕变应变为长期荷载作用下，土工格栅的变形量与土工格栅初始长度之比，用百分数表示，即

$$\varepsilon = \frac{\Delta l}{l} \times 100\% \qquad (2-4)$$

式中，ε 为土工格栅的应变值，%；Δl 为土工格栅变形量，mm；l 为土工格栅初始长度，mm。

2.3.5　土工格栅蠕变特性分析

2.3.5.1　蠕变曲线分析

对 2 种型号的聚丙烯双向土工格栅 BG1、BG2 在应力水平分别为 20%、30%、40%、60%UTS 下的土工格栅应变-时间曲线如图 2-4 所示。由图 2-4（a）可知，BG1 在应力水平为 20%、30%、40%UTS 条件下，应力水平越高，蠕变应变越大；同一应力水平下，蠕变应变随加载时间的延长逐渐稳定；在加载等级为 40% 且加载时长为 1000h 时，格栅的应变为 6.221%。当应力水平为 60%UTS 条件时，蠕变应变-时间曲线出现突变现象，蠕变时长为 200h 时，蠕变应变突然增长，加载时长为 600h 时，格栅发生突然断裂，试验终止。图 2-4（b）为 BG2 的蠕变曲线，与 BG1 有相似的规律；应力水平为 40%UTS、加载时长为 1000h 时，蠕变应变为 6.940%，略高于 BG1；在应力水平为 60%UTS 条件下，蠕变变形随加载时长的增加而持续快速增长，加载时长为 70h 时，格栅发生突然断裂，试验终止。

由图 2-4 可知：

2 种型号的聚丙烯双向土工格栅 BG1、BG2 的蠕变曲线形状较相似。在较低应力水平下（应力水平为 20%、30%、40%UTS），表现加载初期蠕变应变较大，随着加载时间的延长，在 200h 左右蠕变应变逐渐平稳，土工格栅的材料性质较稳定。BG1、BG2 蠕变应变增加的速率体现先增大后减小，最后稳定的趋势，加载 1000h 时蠕变应变均不超过 7%。当应力水平为 60%UTS 时，土工格栅的蠕变应变增加迅速，土工格栅的材料性质不稳定，且分别于 600h 和 70h 发生突然断裂。

蠕变曲线上任一点斜率的大小表示该点的蠕变速率。根据土工格栅在长期荷载下蠕

变速率的发展,将土工格栅的蠕变过程划分为3个阶段:

第一阶段:减速蠕变阶段。减速蠕变阶段发生在加载产生的瞬时应变后的形变阶段,加载初期蠕变速率很大,随着蠕变加载时间的延长,蠕变速率逐渐减小。

第二阶段:稳态蠕变阶段。这一阶段土工格栅的蠕变速率基本保持不变,形变硬化与软化过程平衡。该阶段的蠕变速率最小。

第三阶段:加速蠕变阶段。在加速蠕变阶段,蠕变速率随加载时间的延长而显著增加,最终土工格栅发生断裂破坏。

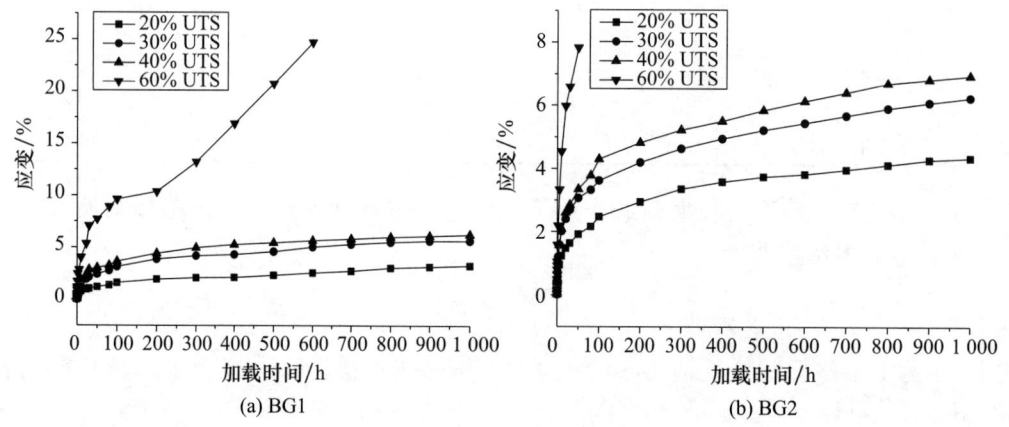

图 2-4　土工格栅应变-时间曲线

从蠕变曲线中可得以下结论:

(1) 对同一种土工格栅,蠕变曲线的形状随应力水平的大小而不同,在恒定温度下改变应力,蠕变曲线发生变化。当应力水平较低时,稳态蠕变阶段的持续时间很长。

当应力水平较高时,蠕变第二阶段持续时间缩短,如图 2-4 (a) 中 BG1 土工格栅 60%UTS 曲线。并非所有情况下蠕变曲线均由 3 个阶段组成,由图 2-4 (a)、图 2-4 (b) 中 BG1、BG2 土工格栅应力水平为 20%、30%、40%UTS 曲线可知,当应力水平较低时,土工格栅将不发生第三阶段的应变且不会断裂,保持在第二阶段的稳态蠕变状态。当应力水平较高时,如图 2-4 (b) 中 BG2 土工格栅应力水平为 60%UTS 的蠕变曲线,只发生第一阶段和第三阶段的蠕变,不存在第二阶段的稳态蠕变。

(2) 蠕变应变随时间的变化呈现非线性增长规律。在相同蠕变应力水平下,与 BG2 土工格栅相比,BG1 土工格栅达到的蠕变应变更大。蠕变应力水平、材料的拉伸强度等都是影响土工格栅蠕变特性的重要因素。

2.3.5.2　等时蠕变曲线分析

通过室内蠕变试验,可绘出 2 种聚丙烯双向土工格栅的等时蠕变曲线,以获得土工格栅加载后某一时刻的应力-应变关系。图 2-5 (a)、图 2-5 (b) 分别为双向土工格栅 BG1、BG2 试件在加载后不同时间的等时蠕变曲线。由图 2-5 可知,2 种双向土工格栅的等时蠕变曲线具有相似的变化趋势,当应力水平较低(≤40%UTS)时,随着加载时间的增长,蠕变应变发展较平缓,土工格栅表现较强的黏弹性变形特征。当应力水平较高(>60%UTS)时,2 种双向土工格栅均存在明显的应变强化阶段。由图 2-5 可知,BG1 的应变小于 BG2 的应变。

由图 2-4、图 2-5 可知，土工格栅 BG1 和 BG2 试样各等时蠕变曲线具有相似的特点，当作用在试样上的应力水平低于 40%UTS 时，各等时蠕变曲线为一簇斜线段，土工格栅试样表现黏弹性的特点；当作用在试样上的应力大于 40%UTS 时，等时蠕变曲线的斜率发生明显变化，土工格栅试样表现黏弹塑性特点。

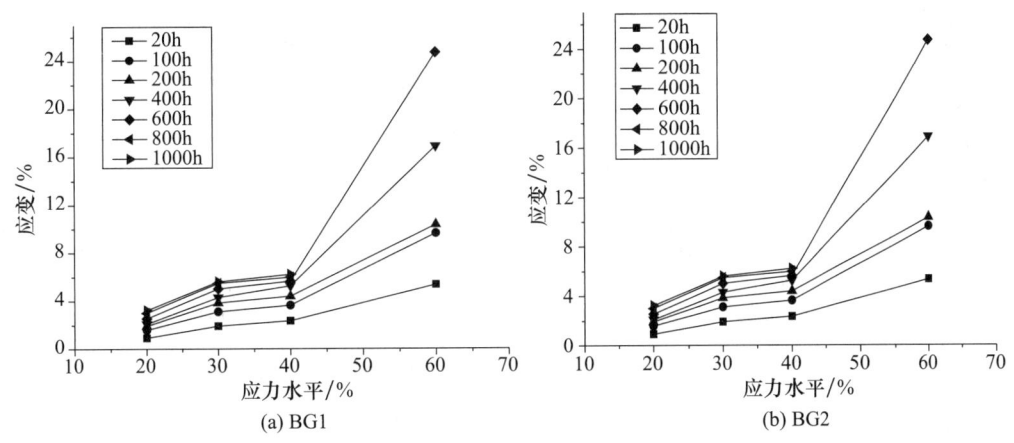

图 2-5　土工格栅等时蠕变曲线

2.3.5.3　土工格栅蠕变加卸载全过程分析

在蠕变试验卸载后，对未发生断裂的 BG1、BG2（应力水平为 20%、30%、40% UTS）试样进行收缩测试。卸荷后，将格栅试样从夹具中取下保持格栅四边自由，每隔一定时间用游标卡尺分别对试样的试验测量段进行长度测量，记为 L_n，精确到 0.01mm；测量时间间隔为：10min、30min、1h、2h、10h、20h、50h、80h、100h，之后每 100h 测量记录一次，持续 700h。格栅残余应变由式（2-5）确定。

$$\varepsilon_n = \frac{L_n - L_0}{L_0} \times 100\% \tag{2-5}$$

式中，ε_n 为第 n 次量测得到的残余应变，%；L_n 为第 n 次量测得到的收缩后的长度，mm；L_0 为初始长度，mm。

土工格栅蠕变卸载后的残余应变随时间的变化曲线如图 2-6 所示。在卸载瞬间，土工格栅发生弹性收缩变形且大部分收缩变形发生在此期间。弹性收缩后，曲线上出现一段弧线，表明收缩回弹率逐渐降低。卸载后收缩持续到 400h，400h 后收缩变形基本停止。在 20%、30% 和 40% UTS 应力水平下，BG1 最终残余应变分别为 0.97%、2.15%、4.18%，BG2 为 1.96%、2.96%、3.64%。这表明土工格栅蠕变过程中发生了一定的塑性变形，塑性应变随应力水平的增大而增大。

由图 2-6 可知：

（1）当土工格栅试验处于加载蠕变阶段，在恒定应力作用下，由于加载时间与总的试验时间相比是短暂发生的，所以 2 种格栅试件均立即产生瞬时的轴向变形，表现出线弹性规律。随着加载时间的延长，拉伸应变增大，表现由线性向非线性转变的特征。

（2）随着试验时间的增加，格栅试样发生蠕变变形，当应力水平≤40%UTS 时，蠕变曲线表现衰减蠕变，进入稳态蠕变。

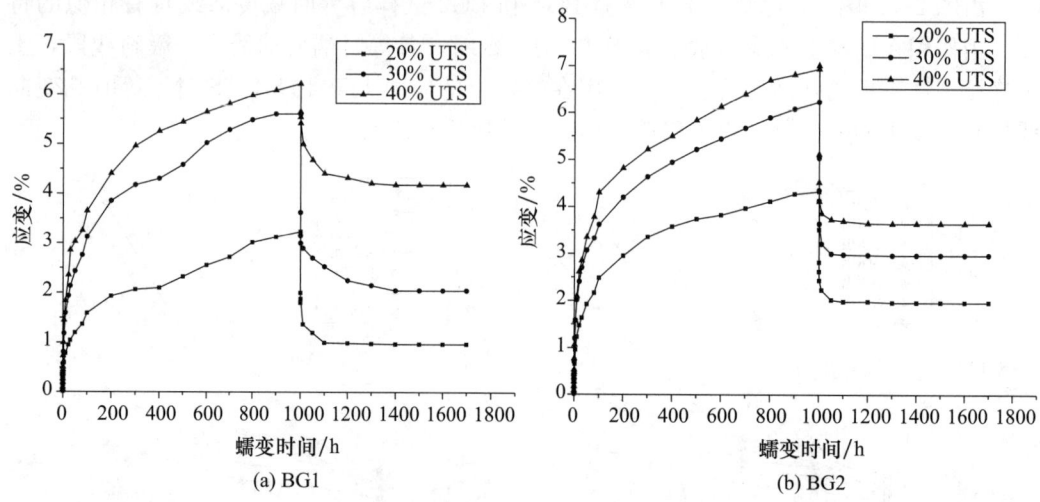

图 2-6 土工格栅蠕变卸载后的残余应变随时间的变化曲线

(3) 当应力水平>60%UTS时，土工格栅在长期荷载作用下常表现加速蠕变特性。不同类型的土工格栅经历的加速蠕变过程可能有差别，有的土工格栅试样经历衰减蠕变、稳态蠕变，再进入加速蠕变（如BG1土工格栅）；有的直接由衰减蠕变进入加速蠕变阶段（如BG2土工格栅），导致最终发生断裂破坏。这里的40%UTS可认为是BG1、BG2土工格栅的长期强度。

(4) 在卸载阶段时，土工格栅表现黏弹塑性恢复。土工格栅的应变瞬时恢复较快，之后表现为黏弹性恢复；卸载400h后弹性变形完全恢复，不可恢复的应变称为"残余变形"。残余应变是土工格栅受拉后产生的塑性变形和在长期蠕变过程中产生的塑性变形，这部分变形卸载后不能恢复。残余应变与蠕变应力水平有关，蠕变应力水平越大，土工格栅不可恢复的残余应变越大。

(5) 根据蠕变试验结果可知，土工格栅BG1和BG2的长期强度为瞬时极限抗拉强度的40%。

土工格栅是否发生稳态蠕变或非稳态蠕变，取决于土工格栅的应力是否超过一定的应力水平。在土工格栅蠕变试验过程中，在长期拉应力和卸荷条件下产生瞬时应变、蠕变应变、瞬时弹性恢复应变、黏弹性恢复应变和残余应变。从蠕变加载-卸载曲线可知，土工格栅在任何时刻的总应变分解为瞬时应变和蠕变应变。根据黏弹性理论，在卸载过程中黏弹性应变完全可逆，可完全恢复；黏塑性应变为残余变形，是不可恢复的应变。

在不同的应力水平下，土工格栅BG1和BG2具有瞬弹性、瞬塑性、黏弹性、黏塑性。结果表明，聚丙烯双向土工格栅具有黏弹塑性变形特性。

2.4 土工格栅蠕变微观分析

土工格栅的力学性能在一定程度上受其微观结构的控制。在长期荷载作用下的土工格栅的力学性能是其微结构特性集中表现的结果。

微观结构研究是研究土工格栅在长期荷载作用下力学性能的重要手段。为研究土工格栅的微观结构，有必要利用现代测试技术获取土工格栅的微观结构信息。扫描电子显微镜（SEM）具有高分辨率、大景深、立体图像和分析功能等优点，已成为材料微观结构研究的重要方法之一。

2.4.1 微观试验设备

本书采用日本日立 TM-3000 台式扫描电子显微镜对土工格栅进行显微图像采集。TM-3000 扫描电子显微镜的工作电压可调为 5kV 和 15kV，工作距离可调为 3～40mm，放大倍数可调为 20 万～30 万倍。它可与 Quantax-70（Brook）X 射线光谱仪配套使用来分析样品的化学成分。

2.4.2 SEM 微观图像采集方法

2.4.2.1 试样镀膜

对于导电样品，扫描电子显微镜的高能电子束所产生的电荷会通过导电样品传输到金属样品台，样品表面没有电荷积累。对于非导电样品，在电子束的作用下会发生电荷积累，从而影响入射电子束的二次电子轨迹，使电荷积累位置变亮，图像质量变差。

对于土工格栅，必须进行导电处理。切割后，在样品表面喷涂一层导电材料，使其成为导体，以防止充放电，并减少电子束对样品的损伤，获得良好的图像效果。喷涂层应与样品台保持良好的电接触。导电膜不仅可消除样品表面电荷，而且会尽可能地保持样品的真实表面形态，并应注意导电膜厚度的选择，如果导电膜太厚，会掩盖样品的表面形貌。扫描电镜样品的喷雾厚度通常为 100～200Å。式（2-6）可用于离子溅射喷涂时涂层厚度的确定[25]。

$$d = kIVT \tag{2-6}$$

式中，d 为镀膜厚度，Å；k 为常数，喷镀金属盒所充气体有关，其中金靶和氩气取 0.17；金靶和空气取 0.07；I 为等离子流，mA；V 为电压，kV；T 为镀膜时间，s。

2.4.2.2 微观试验参数

本书的加速度电压为 15kV，工作距离为 4～9mm，分析样本时，选取较大的工作距离（7～9mm）；进行图像采集采用较小工作距离（4～7mm）。放大倍数为 100、200、300、500、1000、1500、2000、3000。

2.4.3 土工格栅蠕变微观结构分析

2.4.3.1 土工格栅节点 SEM 图像分析

土工格栅蠕变微观结构主要从形态学特征和几何学特征 2 个方面开展定性研究，对土工格栅微观结构的孔隙分布特征进行描述。本书选取未蠕变的 BG2 土工格栅及蠕变应力水平为 40%UTS、蠕变时长 1000h 的 BG2 土工格栅试样进行观察和采集图像，取其节点、横肋条、纵肋试件，利用扫描电子显微镜进行 SEM 图片采集，分析土工格栅不同位置蠕变微裂纹的发展状态及其规律。土工格栅节点处蠕变前后 SEM 图像如图 2-7 所示。

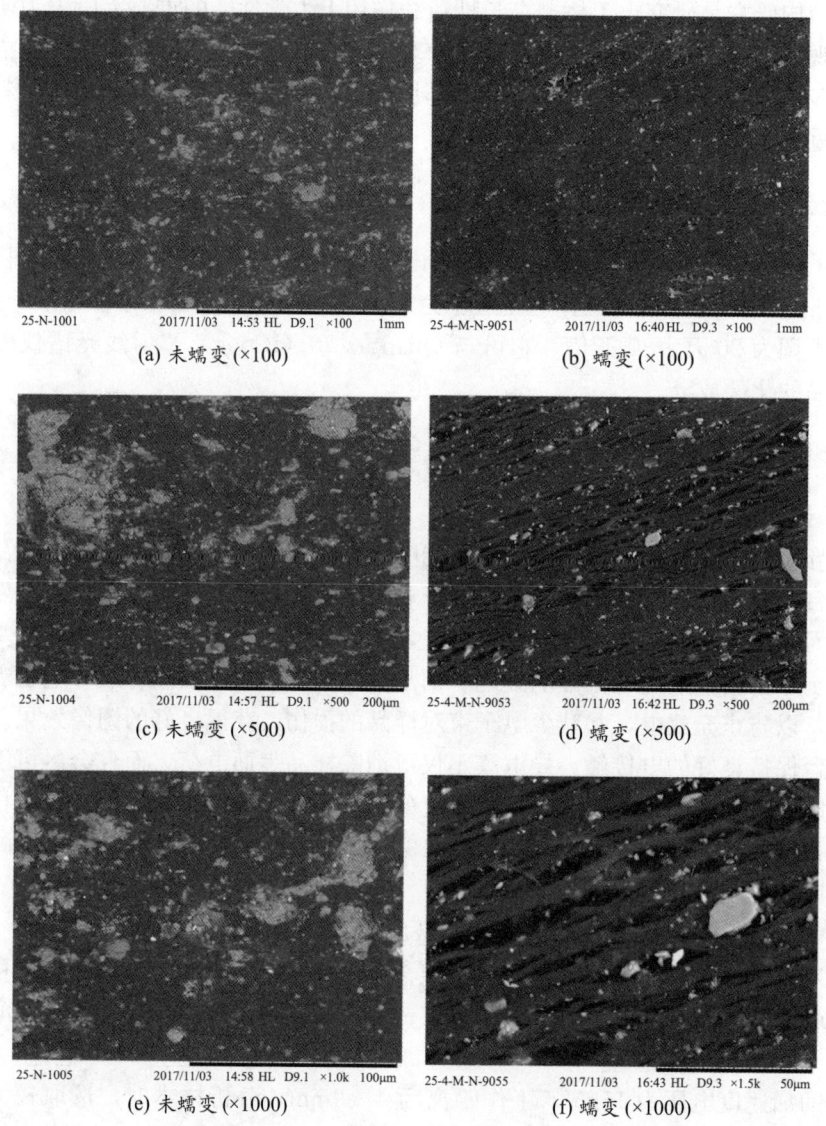

图 2-7 土工格栅节点处蠕变前后 SEM 图像

蠕变前后土工格栅表面微观结构差异较大，蠕变前土工格栅较为致密，表面几乎没有裂纹，但是存在微缺陷。这些微缺陷存在于土工格栅表面较浅的位置。在长期拉应力作用下，土工格栅随着拉应力作用沿微缺陷逐渐拉裂，聚丙烯纤维被破坏，在高倍数下可看得出凹凸不平的表面呈菌丝状拉裂（图 2-8）。

在 SEM 图像采集分析时发现，蠕变试件节点上各图像采集点出的微观裂纹的数量、尺寸、方向不同，呈现节点中部微观结构致密、裂纹较少；节点从中部往四周方向裂纹逐渐增多，靠近节点边缘处的微裂纹的数量、长度、宽度均较大。

通过土工格栅蠕变试样 SEM 图像采集、分析，可得到土工格栅蠕变试样节点处的微裂纹分布示意如图 2-8 所示。

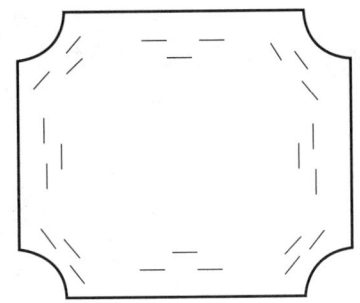

图 2-8 土工格栅蠕变试样节点处的微裂纹分布

从蠕变前土工格栅试样的 SEM 图像分析可知，未蠕变的土工格栅本身不均质，表面和内部存在微缺陷。这些微缺陷是土工格栅的薄弱部位，在长期的拉应力作用下，易产生空穴。许多空穴在力的作用下互相连通，构成细长的枣核型损伤区域，形成微裂纹，与土工格栅基体相连的聚丙烯纤维束，在持续加载时发生断裂，形成裂纹。

在高倍数下的 SEM 图像可观察到许多与土工格栅基体相连的聚丙烯微纤维，土工格栅节点处的裂纹从中间向四周扩展且中部致密，周围分布微裂纹较多。微裂纹的增长方向与主应力方向垂直。微裂纹的宽度约为 $10\mu m$，长度约为 $100\mu m$。

2.4.3.2 纵、横肋条微观结构分析

未蠕变土工格栅纵肋条的 SEM 图像如图 2-9 所示。与未蠕变试样节点处微观图像相比，纵肋条的表面均匀分布浅表的微裂纹。这是由于双向土工格栅在生产过程中是在板材上冲孔后热塑拉伸形成的。因此，在肋条上表面有较浅的长条形、接近平行的微缺陷。这些微缺陷深度不大，只在土工格栅的表面分布。总体上看，靠近肋条边部的微缺陷分布较多、中部较少。

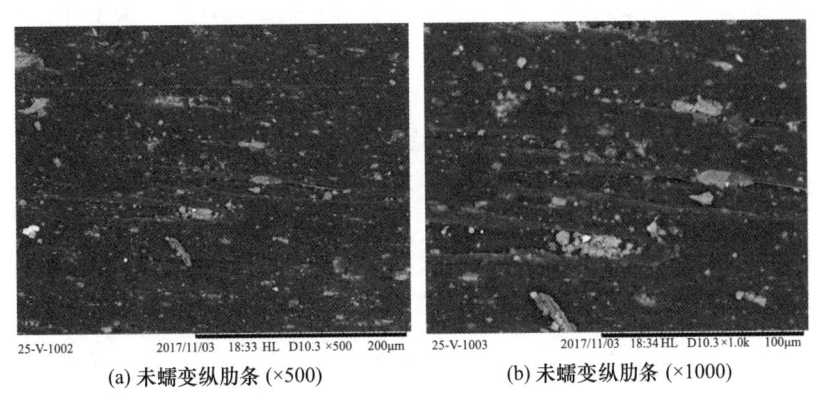

(a) 未蠕变纵肋条 (×500)　　　　(b) 未蠕变纵肋条 (×1000)

图 2-9 未蠕变土工格栅纵肋条的 SEM 图像

蠕变后土工格栅纵、横肋条 SEM 图像分别如图 2-10、图 2-11 所示。

由图 2-13 可知：

(1) 与未蠕变土工格栅纵肋相比，蠕变后的土工格栅纵肋条中部的微裂纹向格栅深部发展，一些聚丙烯微纤发生断裂 [图 2-10（a）]；

(2) 蠕变后土工格栅纵肋条边部的微裂纹较中部数量多且微裂纹的形态不同，呈层状分布，部分微纤发生断裂 [图 2-10（b）]。

(a) 纵肋条中部 (×500)　　　　(b) 纵肋条边部 (×1000)

图 2-10　蠕变后土工格栅纵肋条 SEM 图像

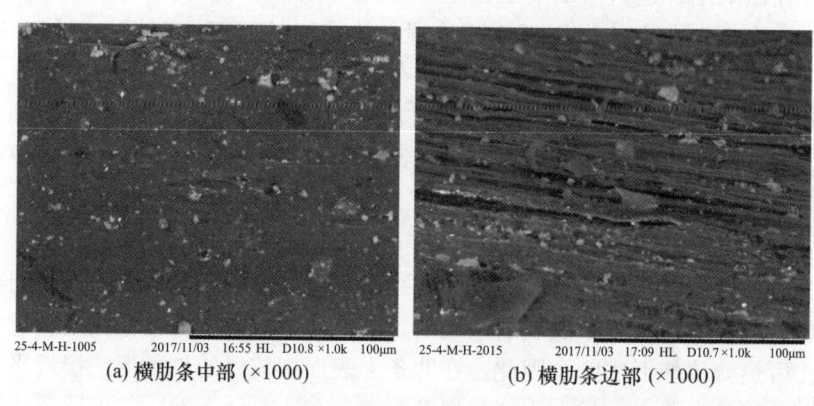

(a) 横肋条中部 (×1000)　　　　(b) 横肋条边部 (×1000)

图 2-11　蠕变后土工格栅横肋条 SEM 图像

双向土工格栅横肋条边部和中部的微裂纹分布差别较大，横肋条中部材料致密、微裂纹较少，而边部在力的作用下，微裂纹发展呈现较明显的层状分布（图 2-11）。

2.5　土工格栅蠕变微细观机理分析

从微观角度上讲，当土工格栅受到外力作用的一瞬间，筋材迅速变形，达到与外力相适应的平衡状态，表现为土工格栅发生瞬间较大的弹性变形，同时存在塑性变形由于土工格栅内部的黏性阻力。随着加载时间的延长，土工格栅的变形逐渐发展。在较低的应力水平下，在一定的温度范围内，土工格栅的应变逐渐达到平衡。随着蠕变加载时间的延长，土工格栅的应变是不可逆的，符合牛顿运动定律。

从细观微裂纹发展的角度讲，土工格栅在长期拉应力作用下，表面微缺陷加深，微裂纹形成，微裂纹中存在微纤维，微纤维将 2 个微裂纹面链接，并能在其中传递应力。聚丙烯土工格栅的微裂纹塑性屈服过程极其复杂，总是从微裂纹处扩展形成的。微裂纹在远低于土工格栅的抗拉强度下引发、扩展甚至断裂破坏，形成宏观状态的裂纹。因此，土工格栅蠕变的微裂纹是聚丙烯土工格栅蠕变的微观主导机理。微裂纹的存在劣化了土工格栅材料，微裂纹的微纤维破断会导致微裂纹向宏观裂纹的扩展。土工格栅蠕变试样的微裂纹损伤在裂纹尖端达到最大。蠕变断裂处的微裂纹经过充分的生长，扩大到一定程度时，局部区域的微裂纹微纤维断裂形成空洞，随着应力增大或时间延长，其继续向裂纹尖端发展，最终导致裂纹失稳扩展破坏。

土工格栅节点上的各处的主应力方向不同，微裂纹的发展方向垂直于最大主应力的方向。土工格栅在拉应力作用下，其内部的各种微缺陷处产生应力集中，由表面的微缺陷生成向深处发展的微空穴。这些微空穴的方向垂直于最大正应力的方向。在纵肋条边部，微裂纹面垂直于拉伸方向，呈层状分布。在纵肋条中部，聚丙烯分子链排列整齐，分子链间作用力较大、微裂纹较少地分布于表层。纵肋条的边部是链接最薄弱的地方，易产生微裂纹。

在长期恒定荷载的作用下，随着时间的增加，土工格栅材料内部的裂隙损伤逐渐积累，向土工格栅内部发展，在其原有内部缺陷处产生新的裂纹，这样的裂纹演化越来越多，进一步向内部扩展，直至土工格栅最终发生断裂破坏。当长期荷载较小时，荷载在土工格栅上产生的应力水平不高，不足以引起其内部裂隙的扩展，不会导致土工格栅的最终断裂破坏。

2.6　本章小结

为研究聚丙烯双向土工格栅的蠕变特性，本章选取常用的 2 种不同型号的聚丙烯双向土工格栅，在荷载条件为 20%、30%、40%、60% UTS 下开展加载时长不少于 1000h 的室内蠕变试验，利用扫描电子显微镜获取蠕变前后的节点和纵、横肋条表面微观结构 SEM 图像，对蠕变前后的微裂纹分布规律进行分析并从微细观角度解释土工格栅的蠕变机理，主要得到以下结论：

（1）土工格栅的蠕变应力水平、加筋性能和加工工艺是影响土工格栅蠕变特性的重要因素。土工格栅的蠕变过程可分为 3 个阶段：衰减蠕变阶段、稳态蠕变阶段和加速蠕变阶段。在本试验中，加速蠕变的应力水平大于 40%UTS，取 40% 极限拉伸强度为其长期拉伸强度。

（2）蠕变应力水平对土工格栅的最终残余应变影响显著，应力水平越大，卸荷后土工格栅的残余变形越大。在相同的应力水平下，极限拉伸强度较低的土工格栅的残余应变明显大于拉伸强度较高的土工格栅。

（3）借助扫描电子显微镜获取蠕变前后土工格栅 SEM 图像，分析得到节点、纵、横肋微裂纹分布规律，从细观角度对土工格栅的蠕变机理进行解释，提出土工格栅的蠕变应变及蠕变断裂破坏是从微裂纹开始的。在长期恒定荷载的作用下，随着加载时间的增加，土工格栅材料内部的裂隙损伤逐渐积累，向土工格栅内部发展，在其原有内部缺陷处产生新的裂纹，这样的裂纹演化越来越多，进一步向内部扩展，直至土工格栅最终发生断裂破坏。当长期荷载较小时，荷载在土工格栅上产生的应力水平不高，不足以引起其内部裂隙的扩展，不会导致土工格栅的最终断裂破坏。

2.7　参考文献

[1] 周志刚，郑健龙. 公路土工合成材料设计原理及工程应用 [M]. 北京：人民交通出版社，2001.

[2] DAS B M. Creep behavior of geotextiles [C] // Proceedings of the 4th International Conference on Geotextiles, 1990: 677-684.

[3] SAWICKI A, KAZIMIEROWICZ F K. Creep behavior of geosynthetics [J]. Geotextiles and Geomembranes, 1998, 16 (6): 365-382.

[4] SAWICKI A. A basis for modeling creep and stress relaxation behavior of geogrids [J]. Geosynthetics International, 1998, 5 (6): 637-645.

[5] 周志刚, 张起森, 郑健龙. 土工加筋材料性能研究综述 [J]. 长沙交通学院学报, 2001, 17 (2): 38-42.

[6] 杨果林. 加筋土筋材长期荷载蠕变试验研究 [J]. 煤炭学报, 2001, 26 (2): 132-136.

[7] ZORNBERG J G, BYLER B R, KNUDSEN J W. Creep of geotextiles using time-temperature superposition methods [J]. Journal of Geotechnical and Geoenvironmental Engineering, 2004, 130 (11): 1158-1168.

[8] 王钊, 李丽华, 王协群. 土工合成材料的蠕变特性和试验方法 [J]. 岩土力学, 2004, 25 (5): 723-727.

[9] 匡希龙, 王桂尧, 徐晓宇. 长期荷载作用下土工合成材料蠕变特性的试验研究及计算模型 [J]. 岩石力学与工程学报, 2004, 23 (22): 3866-3870.

[10] 栾茂田, 肖成志, 杨庆, 等. 土工格栅蠕变特性的试验研究及黏弹性本构模型 [J]. 岩土力学, 2005, 26 (2): 187-19.

[11] 栾茂田, 肖成志, 杨庆, 等. 长期荷载作用下土工格栅蠕变特性的试验研究 [J]. 土木工程学报, 2006, 39 (4): 87-91.

[12] 肖成志, 栾茂田, 杨庆, 等. 土工格栅经验型蠕变模型及其参数试验 [J]. 中国公路学报, 2006, 19 (6): 19-24.

[13] HSIEHL C W, LEE K, YOO H K, et al. Tensile creep behavior of polyester geogrids by conventional and accelerated test methods [J]. Fibers and Polymers, 2008, 9 (4): 476-480.

[14] LING H I, LIU H. Finite element studies of asphalt concrete pavement reinforced with geogrid [J]. Journal of Engineering Mechanics, 2003, 129 (7): 801-811.

[15] SUGIMOTO M, ALAGIYAWANNA A MN. Pulloutbehavior of geogrid by test and numerical analysis [J]. Journal of Geotechnical and Geoenvironmental Engineering, 2003, 129 (4): 361-371.

[16] SIRIWARDANE H, GONDLE R, KUTUK B. Analysis of flexible pavements reinforced with geogrids [J]. Geotech Geol Eng., 2010, 28: 287-297.

[17] 肖成志, 栾茂田, 杨庆, 等. 考虑格栅蠕变性的筋土复合体应力计算方法 [J]. 大连理工大学学报, 2006, 46 (1): 80-86.

[18] LIU H, LING H I. Unified elastoplastic-viscoplastic bounding surface model of geosynthetics and its applications to geosynthetic reinforced soil-retaining wall analysis [J]. Journal of Engineering Mechanics, 2007, 133 (7): 801-815.

[19] 刘华北. 土工合成材料循环受载、蠕变和应力松弛特性的统一本构模拟 [J]. 岩土工程学报, 2008, 28 (7): 823-828.

[20] 王向余, 刘华北, 宋二祥. 黏性土填土蠕变对土工合成材料加筋土挡土墙响应的影响 [J]. 中国公路学报, 2008, 21 (2): 1-5, 17.

[21] HUANG B, BATHURSTR J, HATAMI K. Numerical study of reinforced soil segmental walls using three different constitutive soil models [J]. Journal of Geotechnical and Geoenvironmental En-

gineering, 2009, 135 (10): 1486-1498.

[22] MIYATA Y, BATHURST R J, ALLEN T M. Reliability analysis of geogrid creep data in Japan [J]. Soils and Foundations, 2014, 54, 608-620.

[23] 包承纲, 童军, 丁金华. 土工合成材料流变参数合理选择的研究 [J]. 岩土工程学报, 2015, 37 (3): 410-418.

[24] 中华人民共和国水利行业标准. 土工合成材料测试规程: SL 235—2012 [S]. 北京: 中国水利水电出版社, 2012.

[25] 张大同. 扫面电镜与能谱仪分析技术 [M]. 广州: 华南理工大学出版社, 2011.

[26] 邹维列, 王钊, 林晓玲. 土工合成材料的蠕变折减系数 [J]. 岩土力学, 2004 (12): 1961-1963.

[27] 王协群, 安骏勇, 王钊. 土工合成材料在沥青路面的应用及其设计 [J]. 岩土力学, 2004 (7): 1093-1098.

[28] 王钊, 李丽华, 王协群. 土工合成材料的蠕变特性和试验方法 [J]. 岩土力学, 2004 (5): 723-727.

[29] 李丽华, 王钊, 唐建设. 土工合成材料蠕变方程探讨 [J]. 人民长江, 2004 (4): 38-39.

[30] 李丽华, 王钊. 加速土工合成材料蠕变试验的时温叠加法简介 [J]. 长江科学院院报, 2004 (1): 29-32.

[31] 王陶, 王钊. 考虑薄膜效应的土工合成材料加筋道路模型 [J]. 岩土工程学报, 2003 (6): 706-709.

[32] 李丽华, 王钊. 加速土工合成材料蠕变试验的分级等温法 [J]. 人民长江, 2003 (11): 52-54.

[33] 王协群. 土工合成材料加筋地基的极限平衡设计与加筋材料的研究 [D]. 武汉: 武汉理工大学, 2003.

[34] 黄杰, 王钊. 土工合成材料耐久性研究及发展前景 [J]. 人民长江, 2002 (7): 45-46.

[35] 杨果林. 加筋土挡土结构动力特性研究 [D]. 长沙: 中南大学, 2001.

[36] 王钊, 王协群. 土工合成材料加筋地基的设计 [J]. 岩土工程学报, 2000 (6): 731-733.

[37] 王钊, 王协群. 土工合成材料加筋地基设计中的几个问题 [J]. 岩土工程学报, 2000 (4): 503-505.

[38] 王钊. 土工合成材料的蠕变试验 [J]. 工程学报, 1994 (6): 96-102.

[39] 王钊. 合成材料在环境工程中的应用 [J]. 环境工程, 1993, 11 (1): 59-63.

[40] BAI X H, HUANG X Z, ZHANG W. Bearing capacity of square footing supported by a geobelt-reinforced crushed stone cushion on soft soil [J]. Geotextiles and Geomembranes, 2013, 38: 37-42.

[41] BATHURST R J, MIYATA Y. Reliability-based analysis of combined installation damage and creep for the tensile rupture limit state of geogrid reinforcement in Japan [J]. Soils and Foundations, 2015, 55: 437-446.

[42] BECKER L D B, NUNES A L L S. Influence of soil confinement on the creep behavior of geotextiles. Geotextiles and Geomembranes, 2015, 43: 351-358.

[43] COSTA C M L, ZORNBERG J G, BUENO B S, et al. Centrifuge evaluation of the time-dependent behavior of geotextile-reinforced soil walls [J]. Geotextiles and Geomembranes, 2016, 44: 188-200.

[44] DELSAUTE B, TORRENTI J M, STAQUET S. Modeling basic creep of concrete since setting time [J]. Cement and Concrete Composites, 2017, 83: 239-250.

[45] DONG Y L, HAN J, BAI X H. Numerical analysis of tensile behavior of geogrids with rectangular and triangular apertures [J]. Geotextiles and Geomembranes, 2011, 29: 83-91.

[46] ELDRED L B, BAKER W P, PALAZOTTO A N. Kelvin-Voigt versus fractional derivative model as constitutive relations for viscoelastic materials [J]. AIAA J, 1995, 33: 547-550.

[47] FARMO E, BAUDEZ J, ESHTIAGHI N. Comparison between classical Kelvin-Voigt and fractional derivative Kelvin-Voigt models in prediction of linear viscoelastic behaviour of waste activated sludge [J]. Science of the Total Environment, 2018, 613-614: 1031-1036.

[48] GHOSH S K, PRUSTY R K, RATHORE D K, et al. Creep behaviour of graphite oxide nanoplates embedded glass fiber/epoxy composites: Emphasizing the role of temperature and stress. Composites: Part A, 2017, 102: 166-177.

[49] HUSSEIN M G, MEGUID M A. A three-dimensional finite element approach for modeling biaxial geogrid with application to geogrid-reinforced soils [J]. Geotextiles and Geomembranes, 2016, 44: 295-307.

[50] JAHANDARI S, LI J, SABERIAN M, et al. Experimental study of the effects of geogrids on elasticity modulus, brittleness, strength, and stress-strain behavior of lime stabilized kaolinitic clay [J]. Geo Res J., 2017, 13: 49-58.

[51] MIRZAPOUR M S, KARIM R M, KHODAII A, et al. Evaluation of permanent deformation of geogrid reinforced asphalt concrete using dynamic creep test [J]. Geotextiles and Geomembranes, 2016, 44: 109-116.

[52] MIYATA Y, BATHURST R J, ALLEN T M. Reliability analysis of geogrid creep data in Japan [J]. Soils and Foundations, 2014, 54: 608-620.

[53] Nielsen L E. Mechanical properties of polymers and composites [J], Marcel Dekker Inc., 1974, 1: 255.

[54] NORAMBUENA C J, GONZALEZ T I, VIVANCO J F, et al. Nanomechanical properties of polymeric fibres used in geosynthetics [J]. Polymer Testing, 2016, 54: 67-77.

[55] OLAJIDE S O, ARHATARI B D. Progress on interacting fatigue, creep & hysteretic heating in polymer adhesively bonded composite joints [J]. International Journal of Fatigue, 2017, 98: 68-80.

[56] SELLES N, SAINTIER N, LAIARINANDRASANA L. Voiding mechanisms in semi-crystalline polyamide 6 during creep tests assessed by damage based constitutive relationships and finite elements calculations [J]. International Journal of Plasticity, 2016, 86: 112-127.

[57] SHI J, WANG X, WU Z, et al. Creep behavior enhancement of a basalt fiber-reinforced polymer tendon [J]. Construction and Building Materials, 2015, 94: 750-757.

[58] SONG R, MULIANA A H, PALAZOTTO A. An empirical approach to evaluate creep responses in polymers and polymeric composites and determination of design stresses [J]. Composite Structures, 2016, 148: 207-223.

[59] WANG X, SHI J, LIU J, et al. Creep behavior of basalt fiber reinforced polymer tendons for prestressing application [J]. Materials and Design, 2014, 59: 558-564.

[60] WANG X, SHI J, WU Z, et al. Creep strain control by pretension for basalt fiber-reinforced polymer tendon in civil applications [J]. Materials and Design, 2016, 89: 1270-1277.

[61] YANG G, ZHANG B, LV P, et al. Behavior of geogrid reinforced soil retaining wall with concrete-rigid facing [J]. Geotextiles and Geomembranes, 2009, 27: 350-356.

[62] YEO S S, HSUAN Y G. Evaluation of creep behavior of high density polyethylene and polyethylene-terephthalate geogrids [J]. Geotextiles and Geomembranes, 2010, 28: 409-421.

[63] ZOU C, WANG Y, LIN J, et al. Creep behaviors and constitutive model for high density polyethylene geogrid and its application to reinforced soil retaining wall on soft soil foundation [J]. Construction and Building Materials, 2016, 114: 763-771.

[64] ELDRED L B, BAKER W P, PALAZOTTO A N. Kelvin-Voigt versus fractional derivative model as constitutive relations for viscoelastic materials [J]. AIAA J, 1995, 33: 547-550.

3 土工格栅黏弹塑性模型建立及参数识别

3.1 引　言

由于土工格栅的黏性释放，在卸荷开始时保持蠕变后的蠕变应变大于卸荷结束时的蠕变应变。在长期荷载作用下，需要建立适当的数学模型来描述土工格栅的蠕变特性。广泛使用的由弹簧和黏壶组成的流变学模型，其参数与格栅类型、荷载大小、加载方式、环境温度等因素有关。这些参数包括土工格栅的弹塑性特性，也可表征土工格栅的黏弹性特性。

土工格栅蠕变过程中产生的变形为弹性变形、塑性变形及与时间相关的黏性变形之和的假设是一种现象学。本章基于广义的 Kelvin-Voigt 模型，引入 CYJ 体，填加一个弹簧和一个塑性元件，对土工格栅黏弹塑性模型进行重构并在模型中分别表征土工格栅的黏性、弹性、塑性变形。该模型结构简单、操作易行，能描述加载、保持和卸载 3 个阶段的不同变形响应。

3.2 土工格栅黏弹性特征分析

以高分子材料为主要原料的土工格栅的蠕变变形通常分为普弹变形、高弹形变和黏性流动 3 种类型[1]。

（1）普弹形变

处于拉力作用下的聚丙烯土工格栅，其普弹形变是由聚合物中长键合角的变化引起的。它是瞬时的，可用硬弹簧来模拟。普弹应变的计算公式为

$$\varepsilon_1 = \frac{\sigma}{k_1} \tag{3-1}$$

式中，ε_1 为普弹形变；k_1 为弹性模量；σ 为应力。

（2）高弹形变

高弹形变是由土工格栅中聚丙烯粘结料的伸长和卷曲引起的变形，随时间而变化，通过弹簧和黏壶并联来模拟。高弹形变的应变与时间为

$$\varepsilon_2 = \frac{\sigma}{k_2} [1 - \exp(-t/\tau)] \tag{3-2}$$

式中，ε_2 为高弹形变；k_2 为高弹模量；τ 为松弛时间，$\tau = \eta_2/k_2$。

（3）黏性流动

黏性流动是土工格栅中聚丙烯分子滑动引起的变形，随时间线性发展，可用一个黏壶 η_3 模拟，表达为

$$\varepsilon_3 = \frac{\sigma}{\eta_3} t \tag{3-3}$$

式中，ε_3 为黏性流动形变；η_3 为黏滞系数。

土工格栅在拉力作用下产生的蠕变为以上 3 种形变的叠加，总形变表达式为

$$\varepsilon = \varepsilon_1 + \varepsilon_2 + \varepsilon_3 = \frac{\sigma}{k_1} + \frac{\sigma}{k_2}[1 - \exp(-t/\tau)] + \frac{\sigma}{\eta_3} t \tag{3-4}$$

普弹变形、高弹形变和黏性流动在总变形中的比例不固定，但因土工格栅类型、荷载大小、环境温度等因素而有所不同。聚合物土工格栅的分子链只有在施加适当荷载时才会移动。土工格栅的蠕变除与荷载因素有关外，还与温度有关。当温度过低、荷载过小时，蠕变发展缓慢，难以检测。当温度过高、荷载过大时，土工格栅的变形破坏速度极快，蠕变现象不明显。在适当的荷载作用下，土工格栅的高分子链发生运动，在第二章的蠕变试验过程中能明显观察到蠕变的作用。

3.3 经典蠕变曲线

土工格栅的经典蠕变曲线分为衰减蠕变曲线和非衰减蠕变曲线[2]（图 3-1）。通过对比可知，聚丙烯双向土工格栅 BG1、BG2 在应力水平分别为 20%、30%、40%UTS 时，时间-应变曲线在蠕变试验后期增长表现较平稳，属于衰减型蠕变；当应力水平为 60%UTS 时，应变-时间曲线在蠕变后期呈现明显的上升趋势，属于非衰减蠕变曲线。工程中一般将产生应变为 10% 时所需要的荷载作为土工格栅的极限抗拉强度，并利用应变达到 10% 的荷载-时间曲线预测土工格栅的长期蠕变强度。

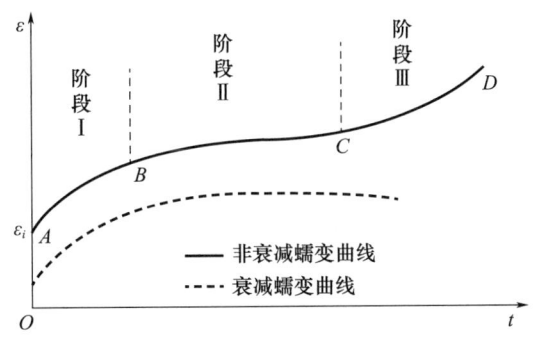

图 3-1 经典蠕变曲线

土工格栅的本构关系是蠕变行为的具体表征。由于本构方程的复杂性，很难普遍采用。在试验和理论研究中，通常采用黏弹性模型模拟土工格栅的黏弹性本构关系。用理想弹簧和理想黏壶的定量、直观的模拟来描述土工格栅的黏弹性现象，可形象地理解土工格栅的蠕变黏弹性现象。常见的黏弹性力学模型如下：

理想弹簧的应力、应变与时间无关，其力学性质服从 Hook 定律：

$$\sigma = E\varepsilon \tag{3-5}$$

理想黏壶的应力、应变与时间有关，当其在容器中装有液体时，服从牛顿流体定律：

$$\sigma = \eta \frac{d\varepsilon}{dt} \tag{3-6}$$

$$\varepsilon = \frac{\sigma}{\eta} t \tag{3-7}$$

式中，η 为黏壶的黏度；$\dfrac{d\varepsilon}{dt}$ 为应变速率。

(1) Maxwell 模型

Maxwell 模型由一个理想弹簧和一个理想黏壶串联而成[2-4]（图 3-2）。

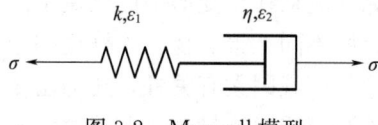

图 3-2 Maxwell 模型

弹簧和黏壶在串联的条件下，作用在 2 个元件上的应力相同，总的应变为 2 个元件应变之和，即

$$\varepsilon = \varepsilon' + \varepsilon'' \tag{3-8}$$

$$\dot{\varepsilon} = \dot{\varepsilon}' + \dot{\varepsilon}'' \tag{3-9}$$

式中，ε'、ε'' 为理想弹簧和理想黏壶的应变；$\dot{\varepsilon}' + \dot{\varepsilon}''$ 为理想弹簧和理想黏壶的应变率。

其变形方程为

$$\frac{d\varepsilon}{dt} = \frac{1}{E}\frac{d\sigma}{dt} + \frac{\sigma}{\eta} \tag{3-10}$$

$$\varepsilon = \varepsilon_0 u(t) \tag{3-11}$$

式中，$u(t)$ 为单位阶梯函数。

$$u(t - t_1) = \begin{cases} 0, & t < t_1 \\ 1, & t \geq t_1 \end{cases} \tag{3-12}$$

当 $t_1 = 0$ 时，$u(t - t_1) = u(t)$。

脉冲 δ 函数为

$$\int_{-\infty}^{\infty} \delta(t) dt = 1 \tag{3-13}$$

$$\sigma(t) = E\varepsilon_0 \exp(-t/n) u(t) \tag{3-14}$$

式中，n 为离散时间。

即

$$\sigma(t) = \Phi(t) \varepsilon_0$$

式中，$\Phi(t)$ 为松弛函数，$\Phi(t) = E\exp(-t/n) u(t)$。

(2) Kelvin 模型

Kelvin 模型是由一个理想弹簧和一个理想黏壶并联组成的[2-4]（图 3-3）。

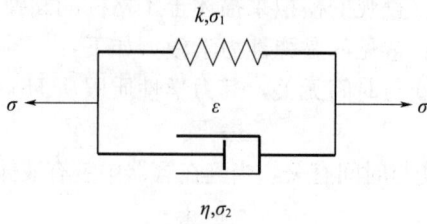

图 3-3 Kelvin 模型

Kelvin 模型的运动方程为

$$\sigma = E\varepsilon + \eta \frac{d\varepsilon}{dt} \tag{3-15}$$

当 Kelvin 模型处于受拉状态时，由于黏壶的存在，弹簧不能立即被拉开，只能随着黏壶一起被慢慢拉开。当外力消除后，由于黏壶对弹簧的恢复力有影响，所以整个模型的变形将缓慢恢复。

(3) 广义的 Maxwell 模型

Maxwell 模型、Kelvin 模型虽然可表征土工格栅黏弹性行为的主要特征，但因为其只能给出一个松弛时间指数形式响应，而实际的土工格栅因其结构的多重性和长期受力作用下的变形复杂性，需要用多元件组合模型来模拟。广义的 Maxwell 模型和 Kelvin 模型常用来进行多元件组合模型的模拟，其中广义的 Maxwell 模型常用来模拟材料的应力松弛，而广义的 Kelvin 模型常用来模拟材料的蠕变。

广义的 Maxwell 模型也称 "Maxwell-Mcichert 模型"[2-4]，由任意数量的 Maxwell 模型单元并联而成。每个单元由不同弹性模量的弹簧和不同黏度的黏壶组成（图 3-1）。

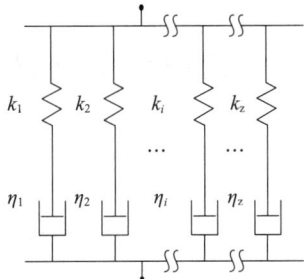

图 3-4　广义的 Maxwell 模型

应力为

$$\sigma(t) = \varepsilon_0 \sum_{i}^{n} E_i \exp(-t/\tau_i) \tag{3-16}$$

应力松弛模量为

$$E(t) = \sum_{i}^{n} E_i \exp(-t/t_i) \tag{3-17}$$

当 $n \to \infty$ 时，可积分为

$$E(t) = \int_{0}^{\infty} f(\tau) \exp(-t/\tau) d\tau \tag{3-18}$$

(4) 广义的 Kelvin 模型

广义的 Kelvin 模型由任意多个 Kelvin 模型单元串联组成，也被称为 "Kelvin-Voigt" 模型[2-4]（图 3-5）。

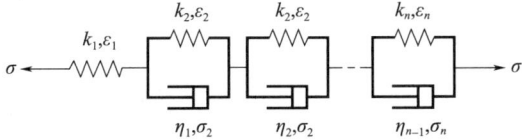

图 3-5　广义的 Kelvin 模型

第 i 个单元的弹性模量为 E_i，松弛时间为 τ_i，在拉伸蠕变时，总形变应为全部 Kelvin 单元形变的和，即

$$\varepsilon(t) = \sum_i^n \varepsilon_i(\infty)[1-\exp(-t/\tau)] \tag{3-19}$$

蠕变柔量为

$$D(t) = \int_0^\infty g(t)[1-\exp(-t/\tau_i)]\mathrm{d}\tau \tag{3-20}$$

当 $n \to \infty$ 时，可积分为

$$D(t) = \int_0^\infty g(\tau)[1-\exp(-t/\tau)]\mathrm{d}\tau \tag{3-21}$$

Kelvin 模型和广义的 Kelvin 模型可反映土工格栅在低应力水平下的黏弹性变形，卸载后既不能反映残余变形，也不能反映高应力下的加速蠕变和塑性变形。为全面描述土工格栅蠕变全过程，反映在低应力水平下卸载后的残余变形，本书将 CYJ 体与描述衰减蠕变特性的 Kelvin 体及描述瞬时弹性的 Hook 体结合，串联一个塑性体，得到一个新的可反映土工格栅衰减蠕变、加速蠕变、衰减蠕变加卸载全过程的黏弹塑性模型。

3.4 土工格栅黏弹塑性模型建立

经典的土工格栅的蠕变模型可直接描述其蠕变、应力松弛和稳定变形，然而只能描述土工格栅的衰减蠕变和等速蠕变，不能描述土工格栅的加速蠕变和卸载参与应变。建立一种能很好地描述土工格栅的蠕变模型，不仅可描述衰减蠕变、等速蠕变，还可描述加速蠕变和卸载参与应变，对土工格栅的实际应用具有重要的现实意义。本书引入 CRJ 体，与 Kelvin 体和 Hook 体、塑性体串联，组成新的黏弹塑性力学模型。CYJ 体是由陈沅江等提出的非线性牛顿体元件，用来描述岩体的加速蠕变状态。

3.4.1 CYJ 蠕变体元件

针对软岩在高应力下的蠕变，陈沅江建立一种新的非线性牛顿体-蠕变体，由变截面的牛顿流体阻尼器组成，它可反映岩石蠕变进入加速阶段时，蠕变速率随时间迅速增加的特点[11]。CYJ 蠕变体及其蠕变曲线如图 3-6 所示。

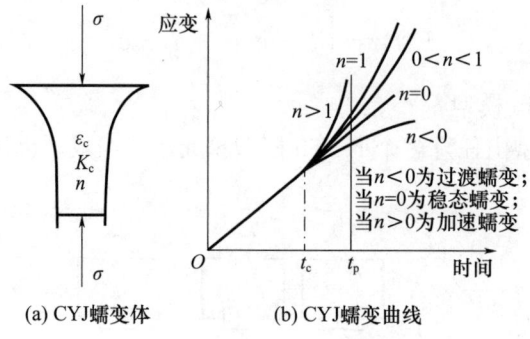

(a) CYJ 蠕变体 (b) CYJ 蠕变曲线

图 3-6　CYJ 蠕变体及其蠕变曲线

初始区域的长度为 ε_c，其具有与线性牛顿体类似的特性，即

$$\frac{d\varepsilon}{dt} = \frac{\sigma}{\eta_c} \quad (3-22)$$

对其他区域为

$$\frac{d\varepsilon}{dt} = \frac{\sigma}{\eta_c (\varepsilon/\varepsilon_c)^\beta} \quad (3-23)$$

式中，η_c、ε_c 为蠕变参数。该模型可描述各种形式的软岩在恒应力作用下的蠕变：

$$\begin{cases} \varepsilon = \dfrac{\sigma_0}{\eta_c} t, & 0 \leqslant t < t_c,\ t_c = \dfrac{\varepsilon_c k_c}{\sigma_0} \\ \varepsilon = \exp\left[\dfrac{\sigma_0}{\eta_c \varepsilon_c}(t + \ln \varepsilon_c - 1)\right], & \text{当 } \beta = 1,\ \text{且 } t_c \leqslant t < \infty \\ \varepsilon = \varepsilon_c \left[\dfrac{(1-n)\sigma_0}{\eta_c \varepsilon_c} t + \beta\right]^\beta, & \text{当 } \beta \neq 1,\ \text{且 } t_c \leqslant t < \infty \end{cases} \quad (3-24)$$

(1) 当 $\beta \leqslant 1$ 时，如果加载时间趋于无穷大，在长期加载作用下，应变趋于无穷大，材料被破坏，对应应力水平不高，土工格栅长时间加载后发生蠕变破坏的情况。

(2) 当 $\beta > 1$ 时，材料在 $t = t_p$ 时，应变趋于无穷大，材料发生破坏，表达为

$$t_p = \frac{\beta}{\beta - 1} \frac{\eta_c \varepsilon_c}{\sigma_0} \quad (3-25)$$

式中，t_p 为材料的蠕变破坏时间。

这种情况对应在高应力水平作用下的土工格栅在有限时间内发生破坏。

陈沅江将该蠕变体与描述塑性变形的圣维南体并联组成的元件模型命名为"CYJ 体"。

CYJ 蠕变体元件在 Kelvin 体的基础上引入加速蠕变幂级数 n、黏滞系数 η_c、模型初始长度 ε_c 这 3 个参数。当蠕变变形小于 ε_c 时，蠕变体元件表现线性牛顿体的蠕变特性；当蠕变变形大于 ε_c 时，蠕变体元件表现非线性牛顿体的蠕变特性。

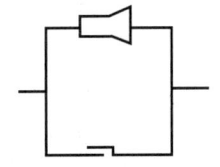

图 3-7 CYJ 体非线性流变模型元件

其应力应变关系为

$$\begin{cases} \dot{\varepsilon} = \dfrac{\sigma}{\eta_c}, & \varepsilon \leqslant \varepsilon_c \\ \dot{\varepsilon} = \dfrac{\sigma}{\eta_c}\left(\dfrac{\varepsilon}{\varepsilon_c}\right)^\beta, & \varepsilon > \varepsilon_c \end{cases} \quad (3-26)$$

式中，ε 为总蠕变变形量；$\dot{\varepsilon}$ 为蠕变速率；η_c 为黏滞系数；β 为土工格栅蠕变试验的应力 σ 与长期强度的比值，根据试验确定；ε_c 为蠕变模型的初始长度，$\varepsilon_c = A + B\beta + C\beta^2$；$A$、$B$、$C$ 各参数通过蠕变试验确定。

对式（3-22）关于蠕变试验求解微分方程，得方程为

$$\begin{cases} \varepsilon = \dfrac{\sigma}{\eta_c} t, & t \leqslant t_c \\ \varepsilon = \varepsilon_c \left[\dfrac{(1-\beta)\sigma}{\eta_c \varepsilon_c} t + \beta\right]^{(1-\beta)^{-1}}, & t > t_c \end{cases} \quad (3-27)$$

根据式（3-27），当 $t = t_c$ 时，$\varepsilon_c = \dfrac{\sigma}{\eta_c} t_c$，蠕变体元件发生线性蠕变，得时间门槛值

为 $t_c = \dfrac{\eta_c \varepsilon_c}{\sigma}$。

3.4.2　土工格栅黏弹塑性蠕变模型建立

土工格栅在不同应力下典型的蠕变曲线如图 3-8 所示，其中 σ_i（$i=1$，2，3）为土工格栅蠕变试验施加恒定荷载产生的应力且 $\sigma_3 > \sigma_2 > \sigma_1$。

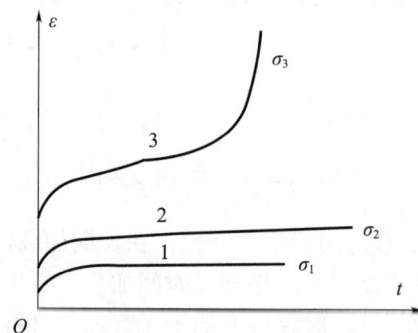

图 3-8　土工格栅在不同应力下的典型蠕变曲线

在不同的应力条件下，土工格栅表现 3 个蠕变变形阶段：瞬时蠕变、稳态蠕变和加速蠕变。理想的复合蠕变模型应能很好地反映这 3 个蠕变变形阶段。这 3 个阶段的蠕变应变为

$$\varepsilon = \varepsilon_0 + W(\dot{\varepsilon}) + J(\dot{\varepsilon}) \tag{3-28}$$

式中，ε_0 为瞬时蠕变；$W(\dot{\varepsilon})$ 为衰减蠕变和定常蠕变组成的稳态蠕变；$J(\dot{\varepsilon})$ 为加速蠕变；$\dot{\varepsilon}$ 为蠕变速率，为时间的增函数。

土工格栅在各种应力作用下的蠕变过程是弹性、塑性、黏弹性、黏塑性等变形共存的复杂过程。Hook 体的理想弹簧主要用来模拟理想的线弹性变形，Kelvin 体能模拟稳态蠕变，但既不能模拟瞬时弹性变形，也不能模拟高应力条件下产生的加速蠕变。

如果将 Hook 体的理想弹簧与 Kelvin 体串联，可模拟土工格栅的瞬时蠕变和稳态蠕变过程，既不能模拟土工格栅在高应力条件下的加速蠕变，也不能模拟土工格栅在完全卸载时，会有不可恢复的参与变形的存在。因此，在 Kelvin 体上并联一个圣维南体，使蠕变模型具有描述不可恢复残余变形的塑性特征，建立适用于土工格栅的黏弹塑性蠕变力学模型。CYJ 体模拟土工格栅的加速蠕变变形，现将 Hook 体、Kelvin 体、塑性体和 CYJ 体组合形成复合模型。其中 Hook 体用来模拟土工格栅的弹性，Kelvin 体用来模拟土工格栅的黏弹性，塑性体描述土工格栅卸载后存在的残余变形。Hook 体、Kelvin 体、塑性体及 CYJ 体相互串联（图 3-9）。土工格栅的黏弹塑性模型的力学参数如表 3-1 所示。

土工格栅黏弹塑性蠕变模型中，满足如下条件：

$$\sigma = \sigma_{\mathrm{I}} = \sigma_{\mathrm{II}} = \sigma_{\mathrm{III}} = \sigma_{\mathrm{IV}} \tag{3-29}$$

$$\varepsilon = \varepsilon_{\mathrm{I}} + \varepsilon_{\mathrm{II}} + \varepsilon_{\mathrm{III}} + \varepsilon_{\mathrm{IV}} \tag{3-30}$$

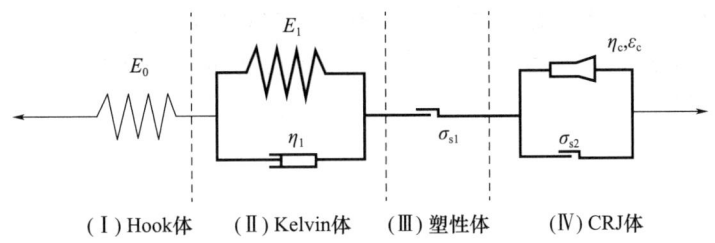

(Ⅰ) Hook体　(Ⅱ) Kelvin体　(Ⅲ) 塑性体　(Ⅳ) CRJ体

图 3-9　土工格栅的黏弹塑性蠕变模型

表 3-1　土工格栅的黏弹塑性模型的力学参数

力学元件	Hook体	Kelvin体	塑性体	CYJ体
力学参数	E_0	E_1, η_1	σ_{s1}	σ_{s2}, ε_c, η_c, β

3.5　土工格栅黏弹塑性蠕变模型的特性

土工格栅黏弹塑性蠕变模型如图 3-9 所示，模型由 3 个部分组成，第一部分（Ⅰ）为 Hook 体，反映弹性变形；第二部分（Ⅱ）为 Kelvin 体，反映土工格栅的黏弹性和塑性变形；第三部分（Ⅲ）为塑性体；第四部分（Ⅳ）为 CYJ 体，反映土工格栅的加速蠕变变形与不可恢复的塑性变形。当只有（Ⅰ）和（Ⅱ）Hook 体和 Kelvin 体作用且 $\sigma_{s1}=0$ 时，模型退化为三参数模型。

(1) 低应力水平：$\sigma < \sigma_{s1}$

模型中只有（Ⅰ）Hook 体发挥作用，相应的土工格栅蠕变应变响应方程为

$$\varepsilon = \frac{\sigma}{E_0} \tag{3-31}$$

(2) 中应力水平：$\sigma_{s1} < \sigma < \sigma_{s2}$

模型中（Ⅰ）、（Ⅱ）、（Ⅲ）部分发挥作用，根据模型组合特性，相应的土工格栅蠕变应变相应方程为

$$\varepsilon = \frac{\sigma_0}{E_0} + \frac{\sigma_0}{E_1}\left[1-\exp\left(-\frac{E_1}{\eta_1}t\right)\right] + \frac{\sigma-\sigma_{s1}}{\eta_c}t \tag{3-32}$$

(3) 高应力水平：$\sigma_{s1} < \sigma_{s2} < \sigma$

模型中的（Ⅰ）、（Ⅱ）、（Ⅲ）、（Ⅳ）部分均发挥作用，$\beta > 1$。在此应力条件下，土工格栅的蠕变应变相应方程由 $\varepsilon \leqslant \varepsilon_c$、$\varepsilon > \varepsilon_c$ 2 个部分组成：

$$\begin{cases} \varepsilon = \dfrac{\sigma}{E_0} + \dfrac{\sigma}{E_1}\left[1-\exp\left(-\frac{E_1}{\eta_1}t\right)\right] + \dfrac{\sigma-\sigma_{s1}}{\eta_c}t, & \varepsilon \leqslant \varepsilon_c \\ \varepsilon = \dfrac{\sigma}{E_0} + \dfrac{\sigma}{E_1}\left[1-\exp\left(-\frac{E_1}{\eta_1}t\right)\right] + \dfrac{\sigma-\sigma_{s1}}{\eta_c}t + \varepsilon_c\left[\dfrac{(1-\beta)(\sigma-\sigma_{s2})}{\eta_c\varepsilon_c}t+\beta\right]^{\left(\frac{1}{1-\beta}\right)}, & \varepsilon > \varepsilon_c \end{cases} \tag{3-33}$$

式中，E_0、E_1 为模型（Ⅰ）、（Ⅱ）部分的弹性模量；η_1 为模型（Ⅱ）部分的黏滞系数；ε_c 为应变初始长度；σ_{s1}、σ_{s2} 为模型（Ⅲ）、（Ⅳ）部分的土工格栅塑性体发生塑性变形的应力门槛值。

土工格栅存在长期强度 σ_∞，当外荷载产生的应力大于长期强度时，加速蠕变部分

才会参与工作并产生黏塑性流动变形。不同的土工格栅的长期强度 σ_∞ 有差别，根据第二章蠕变试验研究结果，聚丙烯双向土工格栅的长期强度可取极限抗拉强度的 40%。此时蠕变应变速率为

$$\dot{\varepsilon} = \begin{cases} \dfrac{\sigma - \sigma_{s2}}{\eta_c}, & \varepsilon \leqslant \varepsilon_c \\ \dfrac{\sigma - \sigma_{s2}}{\eta_c} \left(\dfrac{\varepsilon}{\varepsilon_c}\right)^{\sigma/\sigma_\infty}, & \varepsilon > \varepsilon_c \end{cases} \tag{3-34}$$

3.6 模型参数的确定

土工格栅非线性黏弹塑性模型可全面反映土工格栅的加卸载过程，能反映不同应力水平下土工格栅的变形情况，得到相同土工格栅在不同应力水平下的蠕变全过程曲线。

在低应力水平下，土工格栅只产生瞬时弹性应变和黏弹性应变，这些应变在卸载时可完全恢复。在应力水平稍高的情况下，土工格栅产生瞬时弹性应变、黏弹性应变和瞬时塑性应变，卸载时存在瞬时塑性应变。在较高的应力水平下，包括瞬时弹性应变、黏弹性应变、等速蠕变阶段和卸载时的残余塑性应变。在高应力水平下，土工格栅产生瞬时弹性应变、黏弹性应变等速蠕变和加速蠕变直至破坏。

根据土工格栅室内蠕变试验曲线，可按下列步骤确定土工格栅黏弹塑性模型的力学参数。可按下列步骤确定土工格栅黏弹塑性蠕变模型的力学参数：

(1) 根据土工格栅在不同应力下的蠕变曲线，采用插值法确定土工格栅塑性体和 CYJ 体屈服强度。

(2) 利用公式可确定 Hook 体、Kelvin 体的力学参数：

$$E_0 = \frac{\sigma_{01}}{\varepsilon_{01}} \tag{3-35}$$

$$E_1 = \frac{\sigma_{01}}{\varepsilon_{12} - \varepsilon_{01}} \tag{3-36}$$

$$\eta_1 = -\frac{E_1 t_1}{\ln \dfrac{E_1}{\varepsilon_{01}} \left(\dfrac{\sigma_{01}}{E_1} + \varepsilon_{01} - \varepsilon_{11}\right)} \tag{3-37}$$

式中，ε_{01} 为土工格栅蠕变试验曲线中弹性加载段的应变；ε_{11} 为土工格栅衰减蠕变阶段某一时刻 $t_1^{(1)}$ 的应变；ε_{12} 为土工格栅蠕变稳定阶段的应变。

(3) 中等应力水平的土工格栅蠕变试验曲线与其应力 σ_{02} 对应的瞬时塑性蠕变为 ε_{02}^p，可从其卸载曲线直接读出。

(4) 在曲线 3 的卸载曲线段，可直接读取永久残余变形 ε_3^c，包括瞬时塑性应变 ε_{03}^p 和等速蠕变过程产生的黏塑性应变 ε_{03}^c。

$$\varepsilon_{03}^p = \varepsilon_{03} - \frac{\sigma_{03}}{E_0} \tag{3-38}$$

从永久残余应变 ε_3^c 中减去瞬时塑性应变 ε_{03}^p 可得 ε_{03}^c，与此对应的时间为

$$t = t_2^{(3)} - t_1^{(3)} \tag{3-39}$$

式中，$t_1^{(3)}$ 为土工格栅稳定蠕变阶段开始的时间；$t_2^{(3)}$ 为土工格栅稳定蠕变段卸载点对应的时间。

$$\varepsilon_{03}^{c}=\varepsilon_{3}^{c}-\left(\varepsilon_{03}-\frac{\sigma_{03}}{E_{0}}\right) \tag{3-40}$$

CYJ 体中的参数 η_c 可通过下式计算:

$$\eta_{c}=\frac{(\sigma_{03}-\sigma_{s})(t_{2}^{(3)}-t_{1}^{(3)})}{\varepsilon_{03}^{c}} \tag{3-41}$$

(5) 根据曲线 4 可知,稳定蠕变的开始时间 $t_1^{(4)}$ 和结束时间 $t_2^{(4)}$, 可根据下式计算 CYJ 加速蠕变体参数:

$$\varepsilon_{c}=\frac{(\sigma_{04}-\sigma_{s})(t_{2}^{(4)}-t_{1}^{(4)})}{\eta_{c}} \tag{3-42}$$

由于曲线 4 存在加速蠕变阶段, 故 CYJ 加速蠕变体的力学参数 $n>1$, 在加载蠕变曲线段取点代入式 (3-25) 可解出, 也可根据加速蠕变阶段蠕变破坏时间求解:

$$t_{u}^{(4)}-t_{1}^{(4)}=\frac{n}{n-1}\frac{\eta_{c}\varepsilon_{c}}{\sigma_{04}-\sigma_{s}} \tag{3-43}$$

在室内蠕变试验研究的基础上, 模型参数取值如表 3-2 所示。

表 3-2 模型参数取值

格栅种类	应力水平	σ_0/MPa	E_0/GPa	E_1/GPa	η_1/(GPa·s)	η_c/(GPa·s)	σ_{s1}/MPa	σ_{s2}/MPa	R^2
BG1	20%	66.754	3.927	4.346	0.0596	0.482	33.377	133.509	0.995
	30%	100.131	4.005	3.221	3.662	0.391	33.377	133.509	0.991
	40%	133.509	4.768	3.903	2.754	0.239	33.377	133.509	0.994
BG2	20%	104.347	5.492	6.441	1.698	0.339	52.174	208.696	0.997
	30%	156.522	6.261	6.162	1.621	0.374	52.174	208.696	0.996
	40%	208.696	6.324	5.625	4.111	0.365	52.174	208.696	0.995

对于 BG1, $\varepsilon_c=0.49$, $\beta=1.136$; 对于 BG2, $\varepsilon_c=0.16$, $\beta=1.250$。

3.7 模型的验证

BG1、BG2 土工格栅蠕变加卸载试验曲线与模型曲线对比如图 3-10 所示。

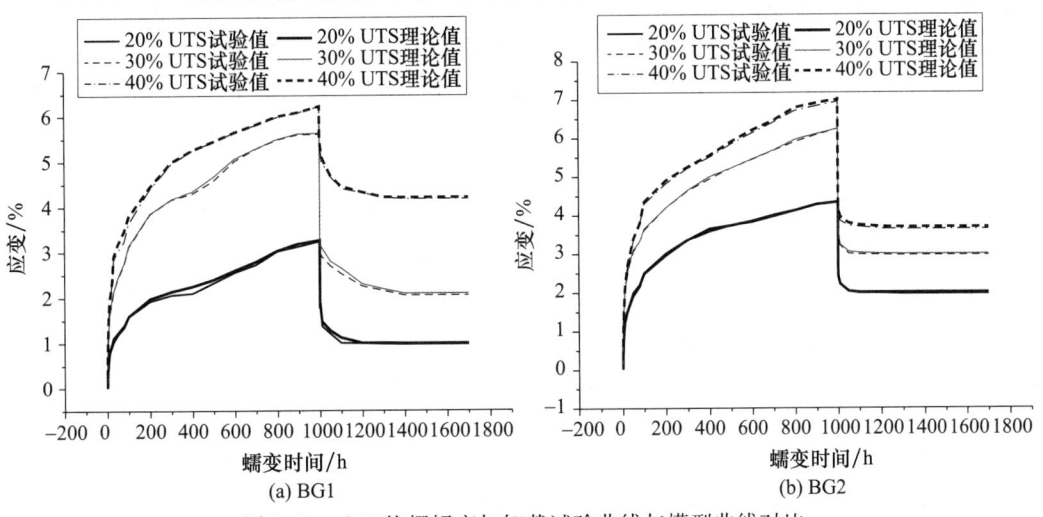

图 3-10 土工格栅蠕变加卸载试验曲线与模型曲线对比

BG1、BG2 土工格栅加速蠕变试验曲线与模型曲线对比如图 3-11 所示。

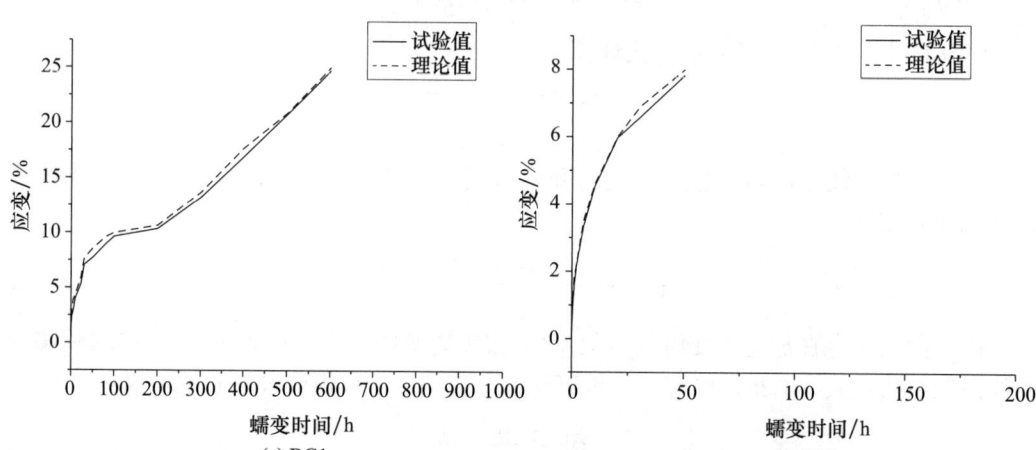

图 3-11　土工格栅加速蠕变试验曲线与模型曲线对比

由图 3-10、图 3-11 可知，通过本章提出的土工格栅黏弹塑性唯象学数学模型，对土工格栅加卸载全过程和加速蠕变过程进行模拟，验证结果表明该模型具有良好的拟合效果，证明该模型的正确性和合理性。

3.8　本章小结

土工格栅的蠕变是在长期恒定荷载的持续作用下，土工格栅的应变随加载时间变化的力学现象。土工格栅的蠕变性能是加筋地基、加筋挡墙等加筋土工程长期稳定性的重要影响因素。土工格栅的本构模型反映土工格栅蠕变的力学本质，是土工格栅在长期恒定荷载作用下稳定分析的基础，也是不可或缺的研究内容。在工程荷载下，土工格栅一般处于较低荷载作用下，呈衰减蠕变，但卸载后有较大的残余变形。常用的土工格栅衰减蠕变模型为黏弹性模型，多采用广义的 Kelvin 模型描述。黏弹性模型在卸载后，土工格栅的蠕变变形全部恢复且无残余变形。土工格栅蠕变过程中应力状态复杂，采用以上模型进行土工格栅的长期恒荷载下的应变分析将产生不可避免的误差。

本章在 Kelvin 模型的基础上，增加 CYJ 蠕变体元件，新建模型可描述加载呈衰减蠕变、卸载存在残余变形的土工格栅加卸载全过程蠕变、在不同阶段分别处于加卸载应力状态的土工格栅。

（1）土工格栅在各种应力水平下的蠕变表现不同特点，在低应力水平下反映瞬间弹性变形与瞬时塑性变形，在稍高应力水平下表现黏弹性变形，在高应力水平下表现黏塑性变形等类型。本书在经典的 Kelvin 模型的基础上引入塑性体和 CYJ 体，重构一种能反映土工格栅蠕变全过程的黏弹塑性模型。

（2）对提出的土工格栅黏弹塑性蠕变模型的蠕变曲线，与本书第二章土工格栅室内蠕变试验结果得到的蠕变曲线进行对比，结果表明模型曲线与试验曲线吻合较好，证明模型能够很好地模拟土工格栅在不同应力水平下的蠕变特性，能较好反映土工格栅的衰减蠕变、稳定蠕变、蠕变加卸载全过程及加速蠕变。

（3）所建立的土工格栅黏弹性本构方程可用于土工格栅的在各种应力条件下的蠕变分析。只要适当地给出其力学参数，就可用于其他类型土工合成材料的蠕变分析，具有广泛的工程实用价值。

3.9　参考文献

[1] 何曼君，陈维孝，董西侠．高分子物理［M］．上海：复旦大学出版社，1990.

[2] 肖成志，栾茂田，杨庆，等．考虑格栅蠕变性的筋土复合体应力计算方法［J］．大连理工大学学报，2006，46（1）：80-86.

[3] SHAW M T, MACKINGHT W J. 聚合物黏弹性引论［M］．李怡宁，译．上海：华东理工大学出版社，2012.

[4] 周光泉，刘孝敏．黏弹性理论［M］．合肥：中国科学技术大学出版社，1996.

[5] 徐朝阳，李大纲，倪文斌．聚丙烯打包带应力松弛特性研究［J］．塑料工业，2010，32（12）：56-58.

[6] 陈沅江．岩石流变的本构模型及其智能辨识研究［D］．长沙：中南大学，2003.

[7] 付冰骏．陈宗基院士生平［J］．岩石力学与工程动态，2002，8（3）：1-9.

[8] 孙钧．岩石流变力学及其工程应用研究的若干进展［J］．岩石力学与工程学报，2007，26（6）：1081-1115.

[9] 徐卫亚，杨圣奇，谢守益，等．绿片岩三轴流变力学特性的研究（Ⅱ）：模型分析［J］．岩土力学，2005，26（5）：693-698.

[10] 曹平，刘业科，蒲成志，等．一种改进的岩石黏弹性加速蠕变力学模型［J］．中南大学学报（自然科学版），2011，42（1）：142-146.

[11] 蒲成志，曹平，张春阳，等．考虑时效损伤的变参数非线性蠕变损伤模型［J］．工程力学，2017，34（6）：17-27.

[12] 陈沅江，潘长良，曹平，等．软岩流变的一种新力学模型［J］．岩土力学，2003，24（2）：209-214.

[13] 孙钧．岩土材料流变及其工程应用［M］．北京：中国建筑工业出版社，1999.

[14] 王鹏程，骆亚生，胡连信，等．重塑黄土三轴蠕变特性研究及模型分析［J］．岩土力学，2015，36（6）：1627-1632.

[15] 李珍玉．肖宏彬．金文婷，等．南宁膨胀土非线性流变模型研究［J］．岩土力学，2012，33（8）：2297-2302.

[16] 许豪，肖宏斌，腾珂．南宁膨胀土直剪蠕变特性及长期强度试验研究［J］．公路工程，2011，36（1）：31-36.

[17] 金文婷．南宁非饱和膨胀土非线性流变特性试验研究［D］．株洲：湖南工业大学，2011.

[18] 张治亮，徐卫亚，王伟．向家坝水电站坝基挤压带岩石三轴蠕变试验及非线性黏弹塑性蠕变模型研究［J］．岩石力学与工程学报，2011，30（1）：132-140.

[19] 王军保，刘新荣，郭建强，等．岩盐蠕变特性及其非线性本构模型［J］．煤炭学报，2014，39（3）：445-451.

[20] 邱平华．膨胀土直剪蠕变特性及长期强度研究［D］．株洲：湖南工业大学，2012.

[21] 李国维，周洋，阮玉胜，等．平面变形超固结软黏土蠕变特征［J］．岩土工程学报，2014，36（6）：1028-1035.

[22] 张先伟．结构性软土蠕变特性及扰动状态模型［D］．长春：吉林大学，2010.

[23] 李军霞, 王常明, 张先伟. 不同排水条件下软土蠕变特性与微观空隙变化 [J]. 岩土力学, 2010, 31 (11): 3493-3498.
[24] FENG W Q, LALIT B, YIN Z Y, et al, Long-term non-linear creep and swelling behavior of Hong Kong marine deposits in oedometer condition [J]. Computers and Geotechnics, 2017, 84: 1-15.

4 土工格栅老化特性研究

4.1 引 言

土工格栅在工程应用中会不可避免地受到多种自然环境因素的影响（如紫外线、氧、温度、湿度、微生物等）。这些环境因素均有可能对聚丙烯土工格栅的力学性能产生影响，使其发生老化降解。在土工格栅的使用寿命中保持一定的力学性能对整个加筋结构的稳定性有决定性影响。因此，有必要对土工格栅的老化特性进行研究，以认识和掌握土工格栅的老化规律并对土工格栅的使用寿命进行预测。

在工程中，通常采用筋材的宏观力学性能表征其使用性能，而宏观力学性能的降低是因老化产生的微观结构变化。本章主要考虑紫外线老化、温度、湿度等主要环境因素对聚丙烯双向土工格栅的老化特性产生的影响，利用氙灯耐气候老化试验箱采用人工加速老化试验，对2种型号的聚丙烯双向土工格栅开展不同温度、时长的热氧老化和光氧老化试验，从外观、质量、力学性能等方面对土工格栅的耐老化特性进行评估，分析各种环境因素对聚丙烯土工格栅老化特性的影响，确定影响聚丙烯土工格栅寿命的主要因素。

4.2 土工格栅的老化概述

4.2.1 土工格栅老化试验方法

土工格栅的老化试验方法可分为自然老化和人工加速老化2大类。自然老化是利用自然环境条件进行的大气老化试验、埋地试验、水下埋藏试验等，采用与实际工程环境接近的条件开展老化试验。人工加速老化试验在室内模拟大气环境条件，强化影响因素，在短期内获得老化试验结果，如人工耐气候老化试验、热老化试验、湿热老化试验、光氧老化试验、盐雾腐蚀试验等[1]。

人工气候老化试验在实验室内采用人工的方法，模拟和强化自然环境中紫外线、温度、氧、湿度等主要环境因素，加速土工格栅的老化。按《塑料 实验室光源暴露试验方法 第1部分：总则》（GB/T 16422.1—2019）、《塑料 实验室光源暴露试验方法 第2部分：氙弧灯》（GB/T 16422.2—2022）、《塑料 实验室光源暴露试验方法 第3部分：荧光紫外灯》（GB/T 16422.3—2022）、《塑料 实验室光源暴露试验方法 第4部分：开放式碳弧灯》（GB/T 16422.4—2022）标准进行，包括氙弧灯、荧光紫外线灯、碳弧灯3种光源暴露试验方法。评价土工合成材料老化性能的指标主要为外观变化、化学变化、物理力学性能变化（即拉伸强度、伸长率）。

参照《塑料 在玻璃过滤后太阳辐射、自然气候或实验室辐射源暴露后颜色和性能变化的测定》（GB/T 15596—2021）标准，评价土工格栅老化性能。试样的老化性能可用初始性能值的保持率$\frac{X_1}{X_2}\times100\%$表示，式中，$X_1$为初始性能平均值；$X_2$为老化后性能平均值。

老化系数能反映土工格栅老化后力学性能变化的相对值，老化试验的结果为

$$K=\frac{f}{f_0} \quad (4-1)$$

式中，K为土工格栅老化系数；f为土工格栅老化后性能测定值；f_0为土工格栅老化前性能测定值。

国内外许多学者寻求人工加速老化试验与大气老化试验结果之间的转换关系，并在较短时间内预测了工程环境中土工格栅的使用寿命[2-13]。土工格栅寿命预测方法一般可分为时间表征指标法和能量等效法。时间表征指标法是确定一个时间转换系数，即当达到大气老化和人工加速老化时，土工格栅力学性能达到相同值所需要的时间比。能量等效法简化了除光外环境因素的影响，紫外线辐射被认为是最重要的因素之一。根据人工加速老化试验和大气老化试验中接受的紫外线辐射能量相等的原则，结合气象条件，计算人工加速老化试验中筋材的力学性能达到规定值所接收的辐射能量总量，采用外推法预测筋材达到规定值所需要的时间。这2种方法需要对试验结果进行外推才能达到寿命预测的目的，属于经验方法的范畴。

4.2.2 土工格栅试验材料的老化程度表征

在工程中，要求聚丙烯土工格栅在使用寿命中保持一定的抗拉强度和变形稳定性，结合相关老化试验标准，选取土工格栅的断裂拉伸强度和断裂伸长率为老化后性能的评价指标，分别用拉伸强度保持率和断裂伸长率保持率反映老化的程度［式（4-2）、式（4-3）］。

$$拉伸强度保持率=\frac{老化后的极限抗拉强度}{老化前的极限抗拉强度}\times100\% \quad (4-2)$$

$$断裂伸长率保持率=\frac{老化后的断裂伸长率}{老化前的断裂伸长率}\times100\% \quad (4-3)$$

4.3 室内加速老化试验材料及设备

4.3.1 老化试验材料

在进行聚丙烯双向土工格栅老化性能试验研究时，选取的筋材规格型号与蠕变试验的筋材规格型号相同，在土工格栅卷材横向、纵向随机裁剪土工格栅试样（表2-2）。

4.3.2 室内加速老化试验设备

4.3.2.1 氙灯耐气候老化试验箱

聚丙烯双向土工格栅的人工加速老化试验在SN-150型氙灯耐气候老化试验箱内进行（图4-1），参照非金属材料荧光紫外、暴露设备的操作标准（ASTM G154—00a）。氙灯耐气候老化试验箱主要由光照系统、冷却系统、空气加热系统、空气循环系统、淋雨系统、湿度控制系统、传感器等组成。其中传感器包括温度传感器、黑板温度传感器

和湿度传感器。该氙灯耐气候老化试验箱可模拟自然环境中的紫外线、高温、湿度、淋雨、凝露等条件，开展多种因素组合的耐气候老化试验。

光照系统：氙灯耐气候老化试验箱的光源采用2根长弧氙灯灯管模拟紫外线，灯管内的氙气在通电后辐射与太阳光谱接近的紫外线。喷淋系统：采用循环喷淋的方式，对喷淋用水回收利用，模拟自然环境的淋雨场景。喷淋头为铜材质，不生锈、不腐蚀，可拆卸，易清洗且可调节喷淋大小。设备的淋雨系统由水泵、时间继电器、喷嘴等组成，喷洒周期可调。

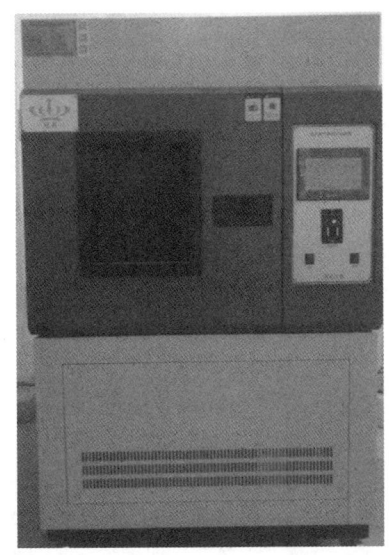

图 4-1 SN-150 型氙灯耐气候老化试验箱

氙灯耐气候老化试验箱的技术条件如表 4-1 所示。

氙灯耐气候老化试验箱采用一体式结构，上部分为工作室，下部分为制冷机组与氙灯水冷却系统，右侧为电控柜。内胆采用厚度为 1.2mmSUS304 不锈钢板，外壳采用厚度为 1.5mm 冷轧板，机组及箱体骨架采用角钢，箱体采用激光/数控加工，箱体底部设有可固定式 PU 活动轮。

工作室采用厚度为 1.2mm 不锈钢板焊接。工作室后部为风道，风道上部设有出风口，下部设有回风口，风道内设有 2 只长轴轴流送风电机、2 只离心扇叶、加热器、制冷/除湿蒸发器，试验箱内设有一个可调转速样架。箱门上配有氙灯滤光玻璃视窗，箱门下方设有接水盘，接水盘内设有排水孔。加热系统采用镍铬合金电热丝式加热器，加热器控制方式为无触点等周期脉冲调宽。智能型 7 英寸（1 英寸＝2.54cm）触摸屏温湿度控制仪，可实时控制并显示温度、湿度、淋雨、辐照强度等。

表 4-1 氙灯耐气候老化试验箱的技术条件

技术条件类型	技术条件指标
工作室尺寸	500mm×500mm×600mm（深×宽×高）
温度范围	(10～100)±2℃
温度均匀度	±2℃

续表

技术条件类型	技术条件指标
温度波动度	±0.5℃
湿度范围	湿度范围：50%～98%RH；
湿度波动度	+2%～−3%RH；
黑板温度	65～100℃
光谱波长	290～800nm
辐照度范围	50～700W/m²
氙灯功率	1.8kW×2根（风冷）
降雨周期	1～9999h
样品架与灯距离	300～375mm

4.3.2.2 万能试验机

采用 ETM504C 型电子万能试验机（图 4-2）进行聚丙烯土工格栅的抗拉强度试验。该试验机可应用于金属及非金属材料的拉伸、压缩、剪切等力学性能测试。万能试验机的主要技术参数如表 4-2 所示。

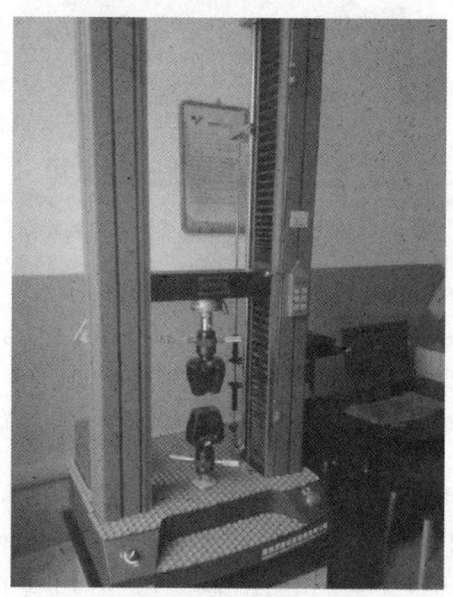

图 4-2 ETM504C 型电子万能试验机

表 4-2 万能试验机的主要技术参数

技术条件	技术参数
荷载误差	≤0.5%
位移误差	≤0.5%
荷重元	100kN 区间选配
移动速度	0.001～250.000mm/min
有效移动距离	650mm

4.4 土工格栅热氧老化试验

4.4.1 热氧老化概述

聚丙烯材料具有较规整的分子链结构、良好的机械性能和耐疲劳性能[14-18]。

聚丙烯材料在与外界环境接触时，受热、氧共同作用的影响而发生结构变化，使力学性能下降，被称为"热氧老化"，主要表现为外观变黏、变形，出现裂纹及力学性能的下降等[19]。聚丙烯热氧老化的 2 种最基本的反应为分子链的降解与交联。降解作用因外力的存在，使聚丙烯材料的分子链受到攻击而发生断链反应，导致聚丙烯强度下降。交联作用使聚丙烯分子间形成网状结构，导致聚丙烯材料脆化，力学性能下降[20-22]。

4.4.2 热氧老化试验方案

热老化试验的原理利用烘箱的高温稳定性，使试样长期暴露在高温环境中。高温可缩短氧化降解高分子材料的诱导期。在此期间，抗氧化剂和增塑剂的消耗将加速。随着时间的延长，试样的结晶度增大，其拉伸强度、延伸率、模量和冲击强度也变化。通过对比老化前后样品性能的变化，确定样品的老化程度。影响试验数据的因素包括实验室温度控制、热老化实验室湿度、样品表面风速及其是否受周期性降雨影响。所有因素必须精确控制，以确保误差在可接受的范围内。空气交换发生在 2 个开放的空气通道（直径为 30mm）的顶部和底部的后壁。对于热氧老化，样品在恒温调节氙灯老化实验室老化。通过对加热室壁的受控加热来实现并保持老化温度。工作室内天花板上的通风风扇强迫内部循环。根据技术数据，每小时换气 10 次，新风量约为 $10m^3/h$，从土工格栅卷中随机抽取 500mm×500mm 的正方形试样，参考试验标准《塑料热老化试验方法》（GB 7141—2008），设置热氧老化温度为 60℃、70℃、80℃，老化时长为 100h、200h、300h、400h、500h、600h、700h 进行试验。

本书采用单肋试验方法确定土工格栅的抗拉强度，在夹具夹紧土工格栅试样两端的情况下，本试验选择的拉伸速率为 24mm/min。在拉伸试验开始前，施加 1% 的预应力以校准拉伸强度，然后开始拉伸试验。实测数据包括峰值拉伸强度、断裂伸长率和 2% 和 5% 的拉伸强度。由于纵、横肋的力学性能不同，因此纵向和横向肋需要分别测试，共测量 10 根肋条的力学性能，从而获得平均值 f。

土工格栅抗拉强度计算公式为

$$F=\frac{F \times n}{L \times n} \tag{4-4}$$

式中，F 为拉伸强度，kN/m；f 为平均拉力，kN；N 为试样宽度上的肋条数；n 为试样的肋条数；L 为试样的宽度，m。

4.4.3 热氧老化试验结果与分析

聚丙烯双向土工格栅 BG1、BG2 的热氧老化试验结果汇总于图 4-3、图 4-4。图 4-3（a）、

图 4-3（b）分别为 BG1、BG2 在温度为 60℃、70℃、80℃下热氧老化强度保持率与热氧老化时间关系曲线。

图 4-4（a）、图 4-4（b）分别为 BG1、BG2 在温度为 60℃、70℃、80℃下断裂伸长率保持率与热氧老化时间关系曲线。

通过热氧老化试验结果可知，在热氧老化降解过程中，聚丙烯大分子链的变化是导致其力学性能下降的主要因素。聚丙烯双向土工格栅在热氧老化早期，抗拉强度会有小幅上升，温度越高，上升段的时间越短；在 60℃和 70℃时，热氧老化强度变化和断裂伸长率与热氧老化的时间变化规律较相近，热氧老化对抗拉强度和断裂伸长率的影响不明显。

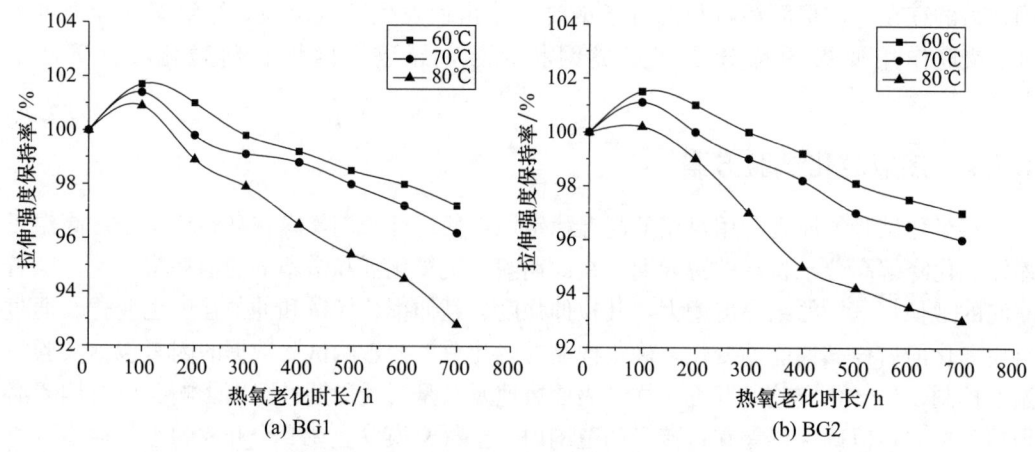

图 4-3 抗拉强度保持率-热氧老化时间关系曲线

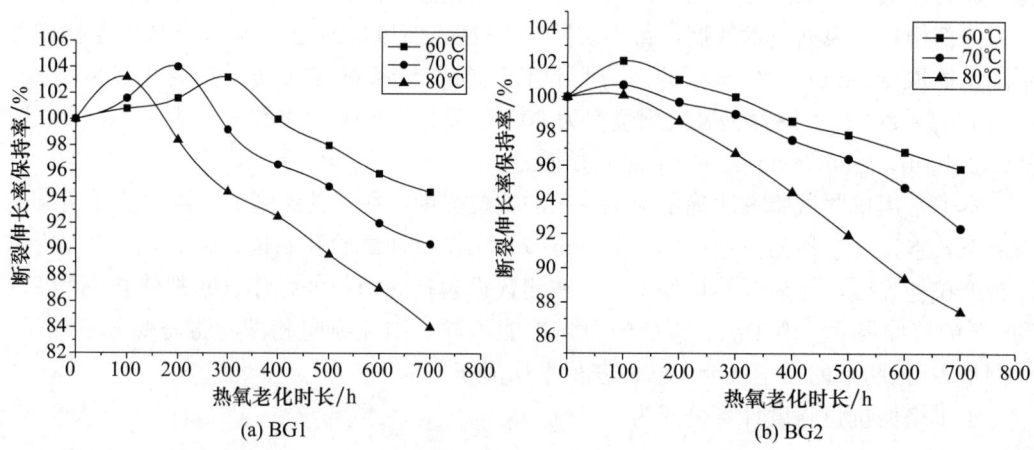

图 4-4 断裂伸长率保持率-热氧老化时间关系曲线

热氧老化试验结果表明：热氧老化温度越高，聚丙烯分子链越容易断裂，自由基链反应越强。不同型号的聚丙烯双向土工格栅的热氧老化性能有差别，强度较低的土工格栅受热氧老化的影响较强度较高的土工格栅大。温度为 80℃，老化时长为 700h 时 BG1、BG2 的抗拉强度保持率分别为 92.8%、94.3%；BG1、BG2 断裂伸长率保持率分别为 84%、87.41%。总体上，热氧老化的影响不显著。

4.4.4 热氧老化机理

聚丙烯具有较规则的分子链结构,以及较好的抗拉性能和化学稳定性,缺点是存在叔碳原子[23],在有氧环境下,易脱氢形成活性自由基,造成聚丙烯材料的老化和降解,导致其力学性能下降[24]。热氧老化与环境温度有关,环境温度越高,聚丙烯分子链越易断裂,发生自由基连锁反应越强烈。

（1）链引发反应

土工格栅受热氧老化作用后,聚丙烯主链发生断链反应,产生烷基自由基 $R·$ [25-26],即 $RH \longrightarrow R· + H·$，$RH + O_2 \longrightarrow R· + HOO·$。

（2）链传递和增长反应

链引发烷基自由基极活跃,易与氧气进一步发展反应,生成氧化物自由基和少量过氧化氢[25-26]。

$$RH + O_2 \longrightarrow ROO·$$
$$ROO· + RH \longrightarrow ROOH + R·$$

过氧化氢是一种重要的中间产物,在积累到一定程度时可分解为自由基。这些自由基在相邻的分子链上与氢原子反应产生新的自由基,导致氧化反应继续循环,即

$$ROOH \longrightarrow R· + ·OOH$$
$$ROOH \longrightarrow RO· + ·OH$$
$$RO· + RH \longrightarrow ROH + R·$$
$$HO· + RH \longrightarrow R· + H_2O$$

（3）链终止

链氧化反应终止,自由基反应生成稳定化合物[25-26]。

$$ROO· + ROO· \longrightarrow ROOH + O_2$$
$$ROO· + R· \longrightarrow ROOR$$
$$R· + R· \longrightarrow R-R$$

从链终止反应的反射方式可知,由于不稳定的过氧化物的形成,很容易再次发生裂纹并形成自由基,进而导致链自动氧化反应再次发生[27]。

聚丙烯土工格栅热氧老化过程是不可逆自动氧化过程。反应的初始阶段是缓慢而难以察觉的,由诱导期阶段和加速氧化阶段2部分组成。在诱导期阶段内,聚丙烯与空气中的氧气接触,初始阶段土工格栅吸收氧气的能力有限,力学性能变化不明显；随着土工格栅中吸收的氧气增多,当达到一定水平时进入加速氧化阶段,吸收氧气的能力进一步增强,热氧老化反应不断向土工格栅深部发展。

4.5 土工格栅光氧老化试验

4.5.1 光氧老化概述

高分子材料在受太阳光紫外线光的辐射作用时,会不可避免地发生光氧老化,导致分子结构被破坏,力学性能劣化甚至功能丧失。以高分子材料为主要原料的聚丙烯土工

格栅在使用中的光氧老化问题近年来颇受人们的关注和重视，解决这一难题无疑对土工格栅的进一步发展与应用具有极其深远的意义。

为延长土工格栅的使用寿命，生产厂家一方面在聚丙烯土工格栅内添加炭黑作为稳定剂，以抑制或延缓聚丙烯土工格栅的光氧老化，另一方面提高土工格栅的力学性能，减少或抵消光氧老化反应对土工格栅材料力学性能的劣化影响。

太阳光是引起聚丙烯土工格栅光氧老化的重要因素之一。太阳光波长为150～10000nm，可分为紫外光区、可见光区、红外光区。大气层过滤波长小于290nm和大于3000nm的光[28]，不同波长光的能量见表4-3。

表4-3　不同波长光的能量[28]

波长/nm	能量/kJ
800	147
700	171
600	201
500	239
400	299
300	299
200	599

辐射到地面的紫外线光被聚丙烯土工格栅表面反射、散射或吸收，被聚丙烯材料吸收的那一部分紫外线光可导致格栅发生光氧老化。太阳光中不同波长的紫外线光对聚丙烯材料的破坏程度不同。因此，聚丙烯材料的波长敏感性是影响光氧老化的重要因素。不同高分子聚合物的紫外线光敏感波长见表4-4。

表4-4　不同高分子聚合物紫外线光敏感波长[25]

高分子材料类型	波长/nm
聚乙烯（Polyethylene）	300.0
聚丙烯（Polypropylene）	300.0
聚苯乙烯（Polystyrene）	318.5
聚酯（Polyester）	325.0

高分子材料的光老化分为直接光老化和敏化光老化。其中直接光老化是通过高分子的固有发色团吸引紫外线辐射引起的光老化；敏化光老化是通过材料中存在的杂质（生产、加工过程中引入的）吸收紫外线引发的光老化。环境中氧的存在加速了高分子材料的光老化。因此，有氧条件下的光老化被称为"光氧老化"。国内外人工加速老化试验标准如表4-5所示。

表 4-5　国内外人工加速老化试验标准[35]

标准号	标准名称	试验名称
GB/T 16422.1—2019	塑料 实验室光源暴露试验方法 第1部分：总则	—
GB/T 16422.2—2022	塑料 实验室光源暴露试验方法 第2部分：氙弧灯	氙灯试验
GB/T 16422.3—2022	塑料 实验室光源暴露试验方法 第3部分：荧光紫外灯	荧光紫外灯试验
GB/T 16422.4—2022	塑料 实验室光源暴露试验方法 第4部分：开放式碳弧灯	碳弧灯试验
ASTM G151—2019	非金属材料使用实验室光源进行曝光测试规程	实验室光源加速试验
ISO 4892-1：2016	塑料 实验室光源暴露方法 第1部分：通用指南	
ISO 4892-2：2013	塑料 实验室光源暴露方法 第2部分：氙弧灯	氙灯试验
ISO 4892-3：2016	塑料 暴露在实验室光源下的方法 第3部分：荧光紫外线灯	荧光紫外灯试验
ISO 4892-4：2016	塑料 实验室光源曝晒方法 第4部分：开放式碳弧灯	碳弧灯试验

4.5.2　光氧老化试验方案

户外暴露试验周期长、外部条件复杂、不易控制。室内光源老化试验周期短、外部环境干扰小，能准确地控制光照强度、温度、湿度、氧气浓度、pH值等，但不符合实际工程环境。

本书为精准控制光氧老化条件，采用氙灯老化实验室进行光氧老化试验。该测试盒具有内置旋转样品架，整个网格样品固定在样品架上。旋转速度设置为3r/min，以确保均匀照明。采用周期性照明模式，在光照条件下曝光8h，在无光照条件下冷凝4h，累积老化时间为700h，辐照强度设为600W/m²。

4.5.3　光氧老化试验结果与分析

4.5.3.1　未喷淋条件下光氧老化试验

通过在未喷淋条件下对2种双向土工格栅的室内紫外线光氧老化试验，得出2种格栅抗拉强度保持率与光氧老化时间的关系曲线（图4-5）。由图4-5可知，2条曲线的变化规律基本一致，随着光氧老化时间的增加，2种土工格栅的抗拉强度明显降低。

2种格栅在未喷淋条件下的断裂伸长率保持率与光氧老化时间的关系曲线如图4-6所示。由图4-6可知，在400h内，2种格栅的伸长率保持率随光氧老化时间呈交替下降的趋势，光氧老化时间为700h时，BG1和BG2的断裂伸长率保持率非常接近。

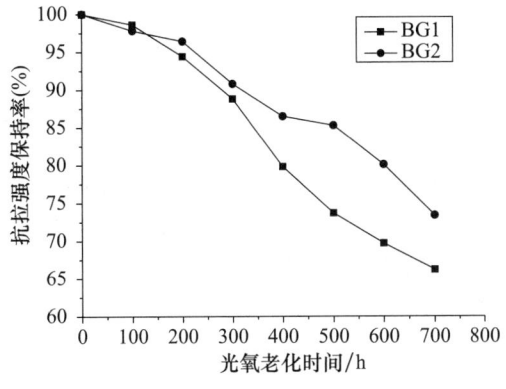

图 4-5　抗拉强度保持率与光氧老化时间的关系曲线

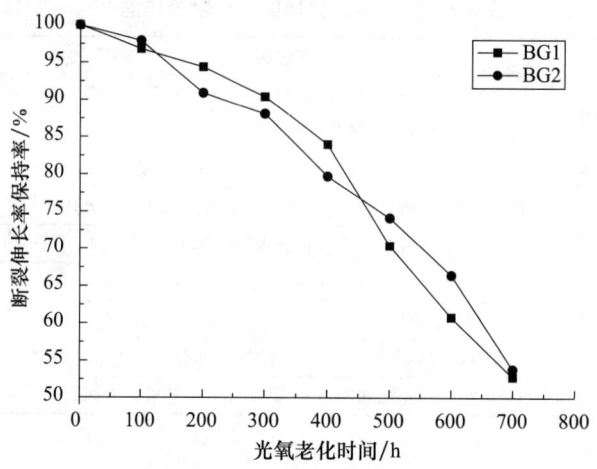

图 4-6　断裂伸长率保持率与光氧老化时间的关系曲线

4.5.3.2　喷淋条件下的光氧老化试验

为对比聚丙烯双向土工格栅 BG2 在未喷淋和喷淋条件下光氧老化的差别，图 4-7 中分别列出了未喷淋、喷淋条件下的两组光氧老化试验中抗拉强度保持率随光氧老化时间的变化曲线。喷淋条件对土工格栅的抗拉强度保持率和断裂伸长率保持率的影响不大（图 4-7）。

未喷淋和喷淋条件下 BG2 的断裂伸长率保持率与光氧老化时间的关系曲线如图 4-8 所示。由图 4-8 可知，喷淋与未喷淋对断裂伸长率的影响基本一致。

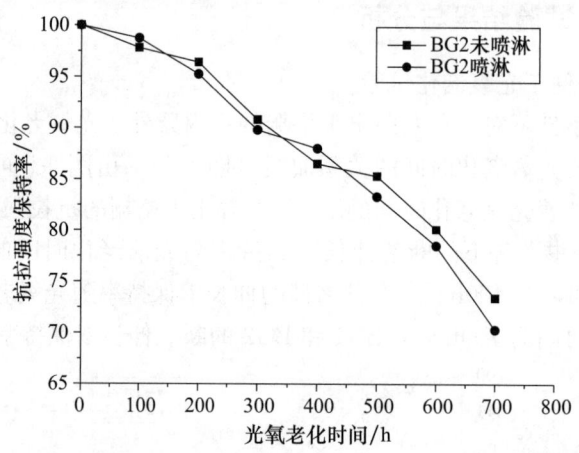

图 4-7　BG2 抗拉强度保持率与光氧老化时间的关系曲线

通过氙灯耐气候老化试验箱，模拟自然环境对 2 种聚丙烯双向土工格栅经历不同老化时间的光氧老化后，其抗拉强度及断裂伸长率均有不同程度的下降。这说明紫外线为聚丙烯双向土工格栅提供化学交联所需要的能量，随着老化时间的延长，紫外线的能量加速了聚丙烯双向土工格栅的老化过程。

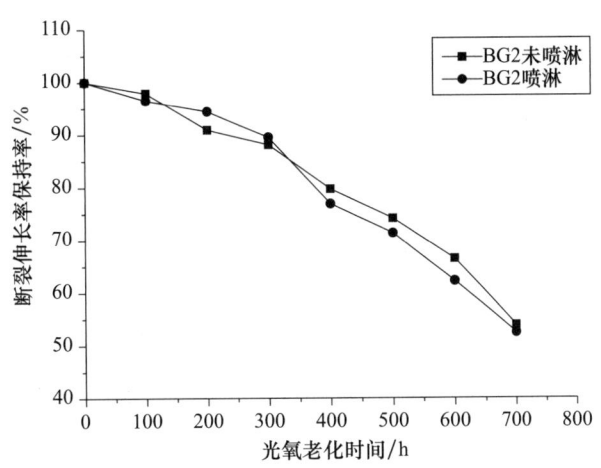

图 4-8 BG2 断裂伸长率保持率与光氧老化时间的关系曲线

4.5.3.3 热氧老化和光氧老化试验结果的对比分析

图 4-9 (a)、图 4-9 (b) 分别为 BG1、BG2 在温度为 70℃时的热氧老化和 70℃未喷淋条件下光氧老化试样抗拉强度保持率随老化时间的关系曲线。图 4-10 (a)、图 4-10 (b) 分别为 BG1、BG2 在温度为 70℃时的热氧老化和 70℃未喷淋条件下光氧老化试样断裂伸长率保持率随老化时间的关系曲线。可见热氧老化条件下，BG1、BG2 抗拉强度保持率、断裂伸长率保持率随老化时间的变化曲线均较平缓，而光氧老化条件下的抗拉强度和断裂伸长率保持率随老化时间的变化曲线较陡。热氧老化强度降低不超过 5%，而光氧老化强度降低约 35%，其影响远大于热氧老化。这表明老化过程中光照对格栅抗拉强度的影响远大于温度的影响。

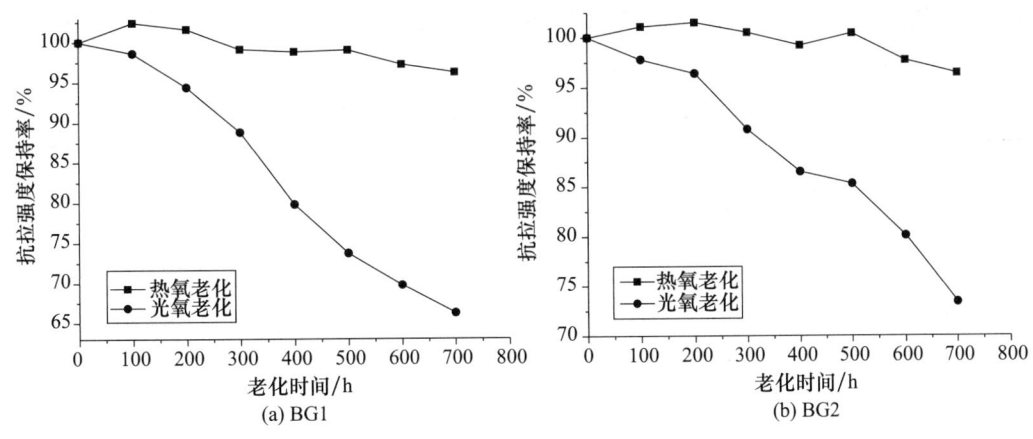

图 4-9 强度保持率-老化时间关系曲线

通过对 BG1、BG2 土工格栅在 60℃、70℃、80℃下开展热氧老化试验，及 70℃下开展紫外线光氧老化试验，探究热氧老化、光氧老化对土工格栅抗拉强度及断裂伸长率的影响，得出以下结论：

（1）光氧老化对聚丙烯双向土工格栅抗拉强度的影响远大于热氧老化的影响。喷淋与未喷淋条件对光氧老化后土工格栅抗拉强度的影响较小。

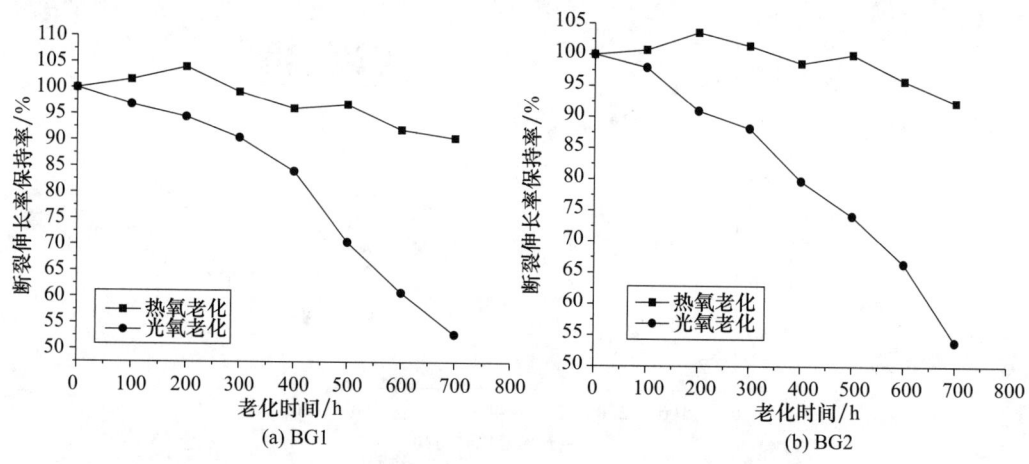

图 4-10 断裂伸长率保持率-老化时间关系曲线

（2）聚丙烯双向土工格栅的断裂伸长率保持率随光氧老化时间延长呈下降趋势，随热氧老化温度的升高及老化时间的进一步延长而下降。在老化过程中，紫外线对格栅断裂伸长率的影响远大于温度的影响。

（3）抗拉强度较高的格栅 BG2 的抗老化性能明显高于抗拉强度较低的格栅 BG1 的抗老化性能。

4.5.4 光氧老化机理

不同波长可见光和紫外线能量如表 4-6 所示，各种化学键能如表 4-7 所示[29-30]。聚丙烯的键能通常为 350~400kJ/mol，紫外线的能量为 299~419kJ/mol，与聚丙烯化学键的键能吻合，聚丙烯吸收较高的紫外线能量转变为激发态分子，引起一系列光物理过程和光化学过程，导致聚丙烯分子链断裂。

表 4-6 不同波长可见光和紫外线能量

名称	波长/nm	能量/kJ
可见光	800	147
	700	171
	600	201
	500	239
紫外线	400	299
	350	339
	320	375
	300	398
	290	419

在光氧老化作用下，聚丙烯分子链上产生氢过氧化物，氢过氧化物在光作用下产生烷氧自由基，将紫外线能量传递给化学键中的电子，烷氧自由基夺去分子链上的氢，发

生裂解，使大分子自由基进一步氧化，最终导致C—C键断裂[31]。造成聚丙烯土工格栅光氧老化的原因是材料表面吸收紫外线光能量，引发自动氧化反应，发生光降解，使聚丙烯土工格栅的外观和力学性能变差。

表 4-7 各种化学键键能

化学键	键能/（kJ/mol）	化学键	键能/（kJ/mol）
C—C	347.7	C—H	413.4
C—O	351.5	C—N	291.6
H—H	436.0	O—H	462.8

4.6 基于灰色预测模型的土工格栅光氧老化作用寿命预测

4.6.1 灰色理论概述

在控制理论中，常通过颜色表示信息内容的多少，如黑箱表示系统内部结构、参数、特征等信息未知，即信息缺乏；当系统内部特征全部已知，称其为"变色系统"，介于黑色与白色之间，系统信息部分未知、部分已知，则可称为"灰色系统"。灰色系统的信息不全，影响因素不明确。灰色系统可用于系统分析、系统建模、灰色预测、灰色决策和灰色控制等[32-34]。

灰色理论是对少有数据进行预测分析的方法，对于室内试验中采集数据不够多时，可进行预测且精度较高。灰色理论中等维新息模型利用新老数据更替的方法对数据进行较好的拟合和预测。灰色系统理论在经济、社会、工程领域得到广泛应用，基于灰色GM模型，利用少量的原始数据，通过简单的建模计算，可对未来数据进行预测且精度满足研究需求。

4.6.2 灰色理论基本模型

灰色模型又称"Grey Model"（简称"GM"），是通过对原始数列生成新的数据列后建立微分方程。GM（1，N）表示1阶N个变量的微分方程，建模过程如下：

考虑有n个变量，有N个数列为

$$x_i^{(0)} = (x_i^{(0)}(1), x_i^{(0)}(2), \cdots, x_i^{(0)}(n)) \quad i=1, 2, \cdots, N \tag{4-5}$$

对$x_i^{(0)}$数列进行一次累加，生成新的数列为

$$x_i^{(1)}(k) = \sum_{m=1}^{k} x_0(m) \quad i=1,2,\cdots,N \tag{4-6}$$

在此基础上建立白化微分方程为

$$\frac{dx_1^{(1)}}{dt} + a x_1^{(1)} = b_1 x_2^{(1)} + b_2 x_3^{(1)} + \cdots + b_{N-1} x_N^{(1)} \tag{4-7}$$

该方程被称为"GM（1，N）"，即1阶N个变量的微分方程。

方程中的参数列为$\bar{\boldsymbol{\alpha}}$，则

$$\bar{\boldsymbol{\alpha}} = [a, b_1, b_2, \cdots, b_{n-1}]^T \tag{4-8}$$

按最小二乘法，可求得

$$\bar{\boldsymbol{\alpha}} = (\boldsymbol{B}^{\mathrm{T}}\boldsymbol{B})^{-1}\boldsymbol{B}^{\mathrm{T}} y_N \tag{4-9}$$

$$\boldsymbol{B} = \begin{bmatrix} -\frac{1}{2}(x_1^{(1)}(1)+x_1^{(1)}(2)), & x_2^{(1)}(2), & \cdots x_N^{(1)}(2) \\ -\frac{1}{2}(x_1^{(1)}(2)+x_1^{(1)}(3)), & x_2^{(1)}(3), & \cdots x_N^{(1)}(3) \\ & \vdots & \\ -\frac{1}{2}(x_1^{(1)}(n-1)+x_1^{(1)}(n)), & x_2^{(1)}(n), & \cdots x_N^{(1)}(n) \end{bmatrix} \tag{4-10}$$

$$y_N = [x_1^{(0)}(2), x_1^{(0)}(3), \cdots, x_1^{(0)}(n)] \tag{4-11}$$

根据上式确定的 $\bar{\boldsymbol{\alpha}}$，利用 GM（1，1）模型求得时间响应函数 $\widetilde{X}_i^{(1)}(k+1)$ 为

$$\widetilde{X}_i^{(1)}(k+1) = \left(x_i^{(1)}(0) - \frac{1}{a}\sum_{i=2}^{n} b_{i-1}(k+1)\right) e^{-ak} + \frac{1}{a}\sum_{i=2}^{n} b_{i-1} r_i^{(1)}(k+1) \tag{4-12}$$

$$x_i^{(1)}(0) = x_i^{(0)}(1), \quad i=1,2,\cdots n \tag{4-13}$$

得到 $\widetilde{X}_i^{(1)}(k+1)$ 值，累减生成还原数据为

$$\widetilde{X}_i^{(0)}(k+1) = \widetilde{X}_i^{(1)}(k+1) - \widetilde{X}_i^{(1)}(k) \tag{4-14}$$

4.6.3 基于灰色预测模型对土工格栅光氧老化预测

基于灰色理论建立1阶1个变量的 GM（1，1）预测模型，分别对 BG1、BG2 光氧老化条件下的抗拉强度保持率随光氧老化时间的变化进行灰色预测，并推测聚丙烯双向土工格栅在室内光氧老化条件下的失效规律。

基于灰色预测模型 GM（1，1）进行预测计算的基本方法如下：

(1) 根据已知的4个以上的数据排成序列：

$$\{X^{(0)}(k)\} \quad k=1,2,\cdots,n \tag{4-15}$$

(2) 用给定的数据序列生成累加数据序列：

$$\{X^{(1)}(k)\} \quad k=1,2,\cdots,n \tag{4-16}$$

(3) 以指数曲线的连续平滑值逼近累加数据序列数值：

$$\widetilde{X}^{(1)}(k) = \left[\widetilde{X}^{(1)}(1) - \frac{u}{a}\right] \cdot \exp[-a(k-1)] + \frac{u}{a} \quad k=1,2,\cdots,n \tag{4-17}$$

(4) $\widetilde{X}^{(1)}(k)$ 的值累减得原数据序列的平滑逼近值：

$$\widetilde{X}^{(0)}(k) = \widetilde{X}^{(1)}(k) - \widetilde{X}^{(1)}(k-1) \quad k=1,2,\cdots,n \tag{4-18}$$

依据试验得出的聚丙烯双向土工格栅光氧老化抗拉强度保持率及断裂伸长率保持率数据，建立灰色预测模型 GM（1，1），分别对聚丙烯双向土工格栅的抗拉强度保持率和断裂伸长率保持率在长期光氧老化作用下的变化情况进行预测（表4-8）。

本书对 BG1、BG2 在光氧老化0~600h 作用下的7组抗拉强度数据建立 GM（1，1）模型，BG1 光氧老化试验结果拟合最大相对误差仅为 2.48%，平均误差仅为 1.49%，用 700h 时数据进行验证，实测抗拉强度保持率为 66.2%，通过灰色预测模型计算得到

的预测值为 64.6%，数据复核时的相对误差仅为 2.42%。对 BG2 拟合最大相对误差仅为 1.65%，平均误差仅为 0.30%，使用 700h 时的数据复核时，相对误差仅为 5.65%。这充分表明 GM（1，1）模型拟合效果较好（表 4-8）。

表 4-8　灰色模型预测结果　　　　　　　　　　　　　　　　　　　　　　%

	老化时间/h	0	100	200	300	400	500	600
BG1 抗拉强度保持率	试验值	100	98.6	94.4	88.8	79.80	73.7	69.7
	预测值	100	100.1	93.1	86.6	80.5	74.8	69.5
	相对误差	—	1.52	1.38	2.48	0.88	1.49	0.29
BG2 抗拉强度保持率	试验值	100	97.8	96.4	90.8	86.5	85.3	80.1
	预测值	100	98.70	94.81	91.08	87.49	84.04	80.73
	相对误差	—	0.92	1.65	0.30	1.14	1.48	0.78

BG1、BG2 抗拉强度保持率随光氧老化时间的预测曲线如图 4-11 所示。

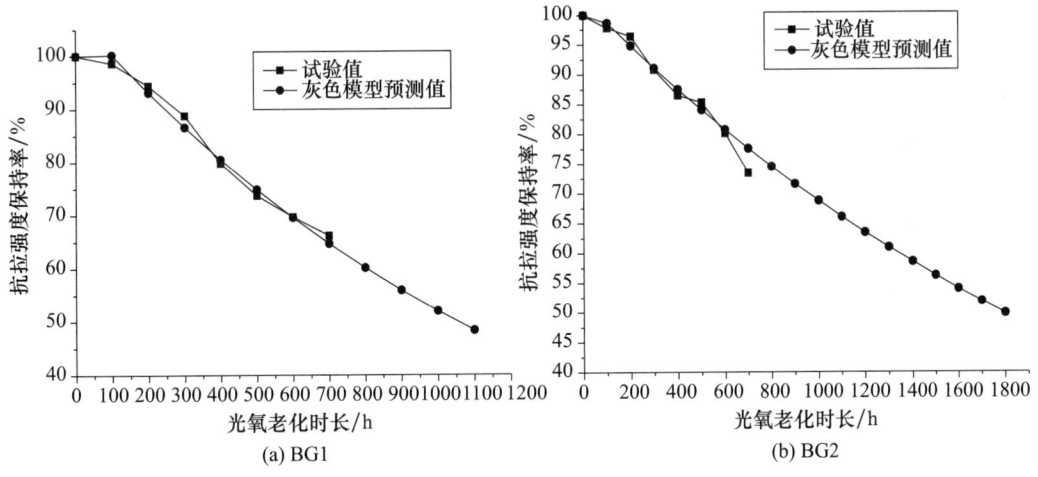

图 4-11　BG1、BG2 抗拉强度保持率随光氧老化时间的预测曲线

由图 4-11（a）可知，对于 BG1 光氧老化时间为 1000h 时抗拉强度保持率为 51.98%，1100h 时为 48.32%，低于 50%，聚丙烯双向土工格栅失效。由图 4-13（b）可知，对于 BG2 光氧老化时间为 1700h 时抗拉强度保持率为 51.88%，1800h 时为 49.83%，低于 50%，聚丙烯双向土工格栅失效。

综上分析可见，灰色预测模型 GM（1，1）对土工格栅光氧老化预测有较高精度，抗拉强度保持率与断裂伸长率保持率的预测结果的相对误差的绝对值平均值分别为 1.34% 和 1.04%。离散程度不足 3%，说明用 GM（1，1）模型预测土工格栅光氧老化不但精度较高，并且预测结果较稳定，是一种可以信赖的预测方法。在黑板温度为（70±2）℃下辐照 8h，无辐照冷凝为 4h，相对湿度为 70%±2%，紫外线辐照度为 600W/m² 条件下，强度较低的 BG1 在光照约为 1100h 时失效，而强度较高的 BG2 在光照约为 1800h 时失效。

4.7 光氧老化对土工格栅蠕变特性的影响

4.7.1 概述

随着荷载的增加与温度的升高，聚丙烯材料的蠕变变形也随之增加。在外界环境的综合影响下，聚丙烯土工格栅的实际蠕变行为变得更复杂，光氧老化也是一个重要因素。由于聚丙烯是一种光灵敏度高的聚合物材料，紫外线辐射会导致光氧老化，聚丙烯土格栅的蠕变性能也会变化。本节通过对光氧老化后聚丙烯双向土工格栅的开展室内蠕变试验，讨论光氧老化对聚丙烯双向土工格栅在不同应力水平下蠕变行为的影响。

4.7.2 试验方案

借助氙灯耐气候老化试验箱，针对选取的 2 种土工格栅进行 2 种不同时长的光氧老化试验，分别为 200h 和 500h，每组 3 个试样。光氧老化试验参数设定同前，即黑板温度设定值为 70℃，紫外线辐照度为 600W/m²，湿度为 70%，光照条件下暴露 8h，无光冷凝 4h 循环。

老化后的土工格栅蠕变试验环境温度为 (20±5)℃，湿度为 20%~30%。将经过光氧老化试验的格栅试样进行蠕变试验。试样经裁剪后保留竖向 6 根肋条，夹具间土工格栅的原始长度为 400mm。蠕变加载等级分别为 30%UTS、40%UTS、50%UTS，加载时长不少于 1000h。

4.7.3 试验结果与分析

图 4-12（a）～图 4-12（c）分别为未老化、光氧老化 200h、光氧老化 500h 后土工格栅试样的蠕变试验曲线。由图 4-12（a）可知，在应力水平分别为 30%、40%、50%UTS 条件下，未老化的土工格栅试样均未断裂，表现良好的延性。随着加载时间的延长，未老化的土工格栅的应变逐渐趋于平稳，在 30%、40%、50%UTS 应力水平下，加载时长为 1000h 的应变分别为 6.35%、7.90%、9.20%。

图 4-12（a）为未老化的土工格栅的蠕变试验曲线，土工格栅在瞬时出现轴向变形，表现线弹性的规律；随着加载时间的延长，土工格栅试样表现稳态蠕变的特征；应力水平越高，稳态蠕变的应变越大。

图 4-12（b）为光氧老化时长为 200h 的土工格栅的蠕变曲线，在应力水平为 30%、40%UTS 下，随着加载时间的延长，土工格栅的应变逐渐趋于平缓，经历衰减蠕变和稳态蠕变阶段，在试验时未进入加速蠕变阶段。在应力水平为 50%UTS 下，土工格栅经历衰减蠕变、稳态蠕变及加速蠕变 3 个阶段。加载 100h 时进入稳态蠕变，稳定蠕变段较短，加载 300h 时进入加速蠕变阶段，土工格栅在加载 700h 时发生断裂。

图 4-12（c）为光氧老化时长为 500h 的土工格栅的蠕变曲线，在加载等级为 30%、40%UTS 下，随着加载时间的延长，土工格栅的应变逐渐趋于平缓，经历衰减蠕变和稳态蠕变阶段，没有进入加速蠕变阶段。土工格栅的蠕变曲线与光氧老化 200h 后

的土工格栅的蠕变曲线趋势相似。在应力水平为50%UTS下，土工格栅经历衰减蠕变到加速蠕变2个阶段，当加载70h时，其由衰减蠕变直接过渡到加速蠕变，不存在稳态蠕变阶段。土工格栅在加载100h时发生突然断裂，蠕变断裂时间远小于老化200h的格栅。

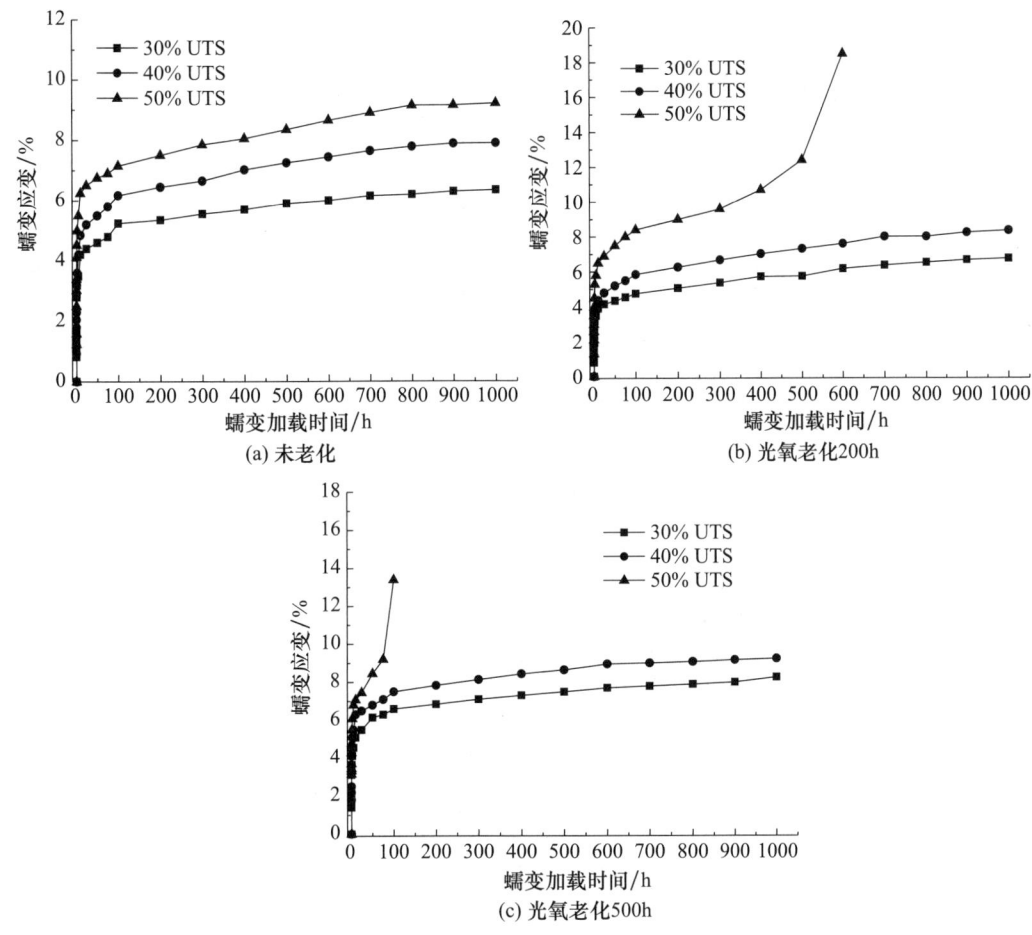

图 4-12　不同光氧老化时长的土工格栅蠕变试验曲线

图4-13（a）～图4-13（c）分别为3种不同光氧老化时长作用后，土工格栅在应力水平为30%、40%、50%UTS下的蠕变曲线。由图4-13（a）可知，在应力水平为30%UTS下，未老化的土工格栅与光氧老化200h后的土工格栅试样的蠕变应变接近，在1000h时，土工格栅应变分别为6.35%、6.75%；光氧老化500h的土工格栅在应力水平为30%UTS下的蠕变较上述条件下的蠕变应变增加较多，在1000h时土工格栅应变达到8.25%。图4-13（b）表现了类似于图4-13（a）的现象，即当应力水平为40%UTS时，未老化的土工格栅与光氧老化200h条件下的土工格栅试样的蠕变曲线基本相同，在1000h时土工格栅应变分别为7.90%、8.35%；而光氧老化500h后的土工格栅在1000h时应变为9.22%，明显大于前两者。图4-13（c）给出在应力水平为50%UTS下，未老化的土工格栅与光氧老化200h、500h后的土工格栅试样的蠕变曲线，与图4-13（a）、图4-13（b）相比差别较大，光氧老化200h的土工格栅稳定蠕变段

较短，出现加速蠕变段，且在加载600h时突然断裂，断裂时的伸长率为18.9%；光氧老化500h的土工格栅为出现稳定蠕变段，直接进入加速蠕变段且在较短的时间（100h）时发生断裂，断裂时的伸长率为13.4%。

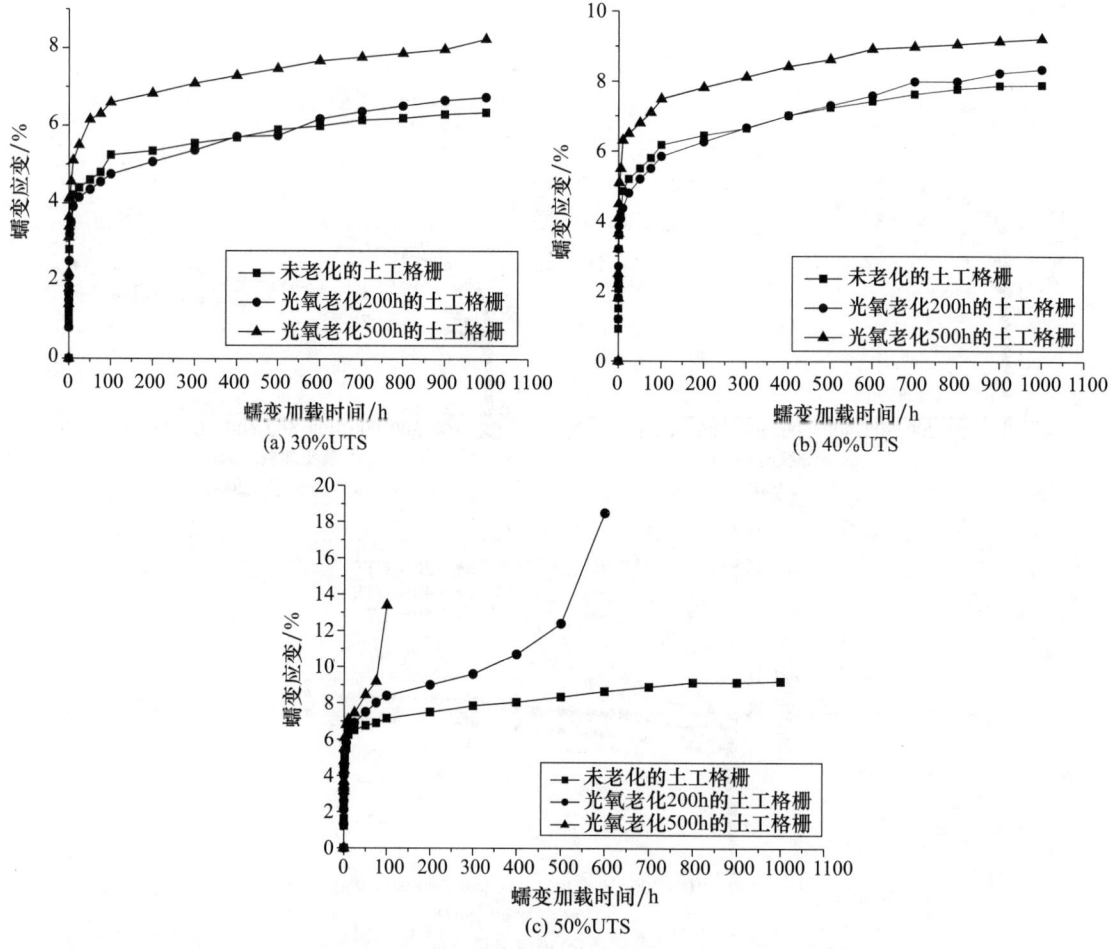

图4-13　3种光氧老化时长的土工格栅在不同应力水平下蠕变曲线对比

对比不同光氧老化时长的土工格栅的蠕变曲线，可知光氧老化作用对土工格栅的蠕变特性产生影响，主要体现在以下3个方面：

（1）在同样的光氧老化时长下，光氧老化使低应力水平的蠕变应变增大；使高应力水平下的土工格栅蠕变由稳态蠕变转为加速蠕变。

（2）光氧老化时长对蠕变特性产生的影响较大。光氧老化时间越长，对蠕变特性的影响越大。光氧老化时间越长，在低应力水平下的蠕变应变增大越多；在高应力水平下，缩短加速蠕变的开始时间，导致蠕变破坏加速发生。

（3）紫外线的光氧老化作用增大了聚丙烯土工格栅的蠕变速率，在高应力水平下，紫外线引起的土工格栅老化抗拉强度下降，加速土工格栅失效。在相同的温度、应力、紫外线辐照和光氧老化时长条件下，不同类型的土工格栅的蠕变速率与材料的极限抗拉强度有关，极限抗拉强度越高，抗老化性能越好。

4.8 本章小结

本章借助氙灯耐气候老化试验箱对 2 种土工格栅开展热氧老化、光氧老化试验，从格栅类型、老化方式、喷淋方式、老化温度、老化时长等角度对土工格栅的抗拉强度、断裂伸长率等力学性能的影响规律进行对比分析。试验结果表明：

（1）光氧老化对聚丙烯土工格栅的影响明显大于热氧老化，在相同温度及老化时长条件下，热氧老化引起土工格栅抗拉强度降低不超过 5%，而光氧老化引起的强度降低约 35%。在老化过程中，光照对格栅抗拉强度的影响远大于温度的影响。随着老化时间的延长，紫外线的能量加速了格栅的老化过程。随着光氧老化时间的延长，土工格栅抗拉强度保持率随光氧老化时间延长而降低的规律越来越明显。喷淋与未喷淋条件对光氧老化后的土工格栅抗拉强度的影响不大。

（2）灰色预测模型 GM（1,1）对土工格栅光氧老化预测有较高精度，抗拉强度保持率与断裂伸长率保持率的预测结果的相对误差的绝对值平均值分别为 1.34% 和 1.04%，离散程度不足 3%，预测结果较稳定，是一种可信赖的预测方法。在黑板温度为（70±2）℃下辐照 8h，无辐照冷凝为 4h，相对湿度为 70%±2%，紫外线辐照度为 600W/m² 条件下，强度较低的 BG1 在光照约 1100h 时失效，而强度较高的 BG2 在光照约 1800h 时失效。

（3）紫外线老化增大土工格栅的蠕变速率，加速土工格栅在高应力水平下的失效，其主要原因为紫外线光引起的土工格栅老化导致其抗拉强度下降。在相同的温度、应力、紫外线辐照和老化时长条件下，不同类型的土工格栅的蠕变速率与材料的极限抗拉强度有关，极限抗拉强度越高，抗老化性能越好。

4.9 参考文献

[1] 王洪涛. 土工合成材料老化性能试验研究 [D]. 天津：天津大学, 2004.

[2] 锡星. 快速老化外推法计算 PP 制品的耐用年限 [J]. 塑料加工应用, 1996（4）：46-48.

[3] 李旭祥, 王宏明. 高分子材料老化预测新方法 [J]. 老化与应用, 1994（2）：11-13.

[4] 李咏今. 橡胶老化性能变化或寿命预测的计算方法 [J]. 合成橡胶工业, 1989, 12（3）：205-209.

[5] 李咏今. 关于一个温度的加速老化与自然老化的相关性 [J]. 老化与应用, 1985（2）：8-12.

[6] 齐丽英. 高分子材料老化与降解的物性预测 [J]. 计算机与应用化学, 1995, 12（3）：216-219.

[7] BAKER T L. Long term relationship of outdoor exposure to xenon-arc test apparatus exposure [C]. Proceedings of 97' Conference on Geosynthetics. Long Beach：Indus. Fabrics. Assoc. Inter., 1997, 1：177-190.

[8] GIJSMAN P, HENNEKENS J, JANSSEN K. Comparison of UV degradation of polyethylene in accelerated test and sunlight. Polymer Durability：Degradation, Stabilization, and Lifetime Prediction, Chicago, Illinois, USA, 1996：621-636.

[9] LEMAIRE J, GARDETTE J L, LACOSTE J, et al. Mechanisms of photo-oxidation of polyolefins：prediction of weathering conditions. Polymer Durability：Degradation, Stabilization, and Lifetime Prediction, Chicago, USA, 1996：578-598.

[10] HSUAN Y G, KOERNER R M. Can outdoor degradation be predicted by laboratory acceleration weathering. Geotechnical Fabrics Report,1993,11（8）：12-16.

[11] MALIK J, TUAN D Q, SPIRK E, et al. Lifetime prediction for HALS-stabilized LDPE and PP [J]. Polymer Degradation and Stability, 1995, 47 (1)：1-8.

[12] SALMAN A, ELIAS V, JURAN I, et al. Durability of geosynthetics based on accelerated laboratory testing. Proceedings of 97' Conference on Geosynthetics. Long Beach：Indus. Fabrics. Assoc. Inter.，1997,1：217-234.

[13] KAMAL M R, SAXON R. Recent Developments in the analysis and prediction of the weather ability of plastics [J]. Applied Polymer Symposia, 1967, (4)：1-29.

[14] GAHLEITNER M, BACHNER C, BERNREITER K, etal. Crystallinity and mechanical properties of PP-homopolymers as influenced by molecular structure and nucleation [J]. Journal of Applied Polymer Science, 1996, 61 (4)：649-657.

[15] MUBARAK Y, MARTIN P J, HARKIN-JONES E. Effect of nucleating agents and pigments on crystallization, morphology, and mechanical properties of polypropylene [J]. Plast Rubber Compos, 2000, 29 (7)：307-315.

[16] WANG K F, MAI K C, HAN Z W, et al. Interaction of self-nucleation and the addition of a nucleating agent on the crystallization behavior [J]. Journal of Applied Polymer Science, 2001, 81 (1)：78-84.

[17] RJEB M, LABZOUR A, RJEB A, et al. TG and DSC studies of natural and artifical aging of polypropylene [J]. Physica A, 2005, (358)：212-217.

[18] SANTOS A S F, AGNELLI J A M, TREVISAN D W. Degradation and stabilization of polyolefins from municipal plastic waste during multiple extrusions under different reprocessing condition [J]. Polymer Degradation and Stability, 2002，(77)：441-447.

[19] 方海林. 高分子材料加工助剂 [M]. 北京：化学工业出版社, 2007.

[20] 杨睿, 刘颖, 于建. 聚烯烃复合材料的老化行为及机理研究 [J]. 辽宁高分子通报, 2011, (4)：68-81.

[21] 任华. 抗氧剂对高密度聚乙烯氧化及稳定化性的影响 [D]. 上海：上海交通大学, 2001.

[22] AL-MALAIKA S. Perspectives in stabilisation of polyolefins [J]. Long Term Properties of Polyolefins, 2004, 69 (1)：121-150.

[23] RJEB M, LABZOUR A, RJEB A, et al. TG and DSC studies of natural and artifical aging of polypropylene [J]. Physica A, 2005, (358)：212-217.

[24] SANTOS A S F, AGNELLI J A M, TREVISAN D. W. Degradation and stabilization of polyolefins from municipal plastic waste during multiple extrusions under different reprocessing condition [J]. Polymer Degradation and Stability, 2002，(77)：441-447.

[25] PANDEY J K, RAGHUNATHA R K, PRATHEEP K A, et al. An overview on the degradability of Polymer nanocomposites [J]. Polymer Degradation and stability, 2005, 88 (2)：234-250.

[26] 张晓冉. 二异辛基二苯胺的合成与使用性能研究 [D]. 沈阳：沈阳工业大学, 2008.

[27] 方海林. 高分子材料加工助剂 [M]. 北京：化学工业出版社, 2007.

[28] 钟世云, 许乾慰. 聚合物降解与稳定化 [M], 北京：化学工业出版社, 2002.

[29] CALVERT J G, PITTS J J N. Photochemistry [M]. New York：John Wiley&Sons Inc, 1967.

[30] 李善君, 纪才圭, 李樘. 高分子光化学原理及应用 [M]. 上海：复旦大学出版社, 1993.

[31] 冷李超. 添加型耐老化聚丙烯的制备及性能研究 [D]. 青岛：青岛大学, 2014.

[32] 冯利华. 灰色预测模型的问题讨论 [J]. 系统工程理论与实践, 1997 (12)：126-129.

[33] 邓聚龙. 灰色系统基本方法 [M]. 武汉：华中理工大学出版社，1987.
[34] 邓聚龙. 灰色系统理论教程 [M]. 武汉：华中理工大学出版社，1990.
[35] 蒋秀亭，杨旭东，童军. 高密度聚乙烯土工格栅光氧老化研究进展 [J]. 合成材料老化与应用，2015，44（1）：82-87.
[36] 雒志利. 考虑老化条件下加筋砂土地基承载力影响因素的试验研究 [D]. 太原：太原理工大学，2018.
[37] 赵鹤晖. 考虑老化作用下土工格栅拉伸、蠕变、筋土界面特性的试验研究 [D]. 太原：太原理工大学，2017.
[38] 郑智能. 土工合成材料的耐久性试验研究 [D]. 重庆：重庆交通大学，2003.
[39] 张彤宇. 土工织物应用性能研究 [D]. 天津：天津大学，2004.
[40] 何怡. 南水北调工程复合土工膜老化特性及拉伸强度衰减规律研究 [D]. 北京：中国地质大学，2017.
[41] 杨旭东. 聚丙烯土工织物的使用寿命预测 [D]. 上海：东华大学，2005.
[42] 闵敬丽. 聚丙烯酰胺类耐温抗盐聚合物的合成及其性能研究 [D]. 济南：山东大学，2017.
[43] 陈倩. 纤维素衍生物改性聚丙烯酸酯复合材料的制备及其在纸质文物保护上的应用 [D]. 镇江：江苏大学，2017.
[44] 孙婷婷. 基于晶态结构调控的聚丙烯抗老化性能研究 [D]. 青岛：青岛大学，2017.
[45] 李国楠. 聚丙烯酰胺凝胶高温稳定性研究 [D]. 北京：中国地质大学，2017.
[46] 李亚琼. 耐温聚丙烯酰胺共聚物的合成及性能研究 [D]. 天津：天津大学，2013.
[47] 周日敏. N-烷氧基受阻胺与膨胀型阻燃剂协同阻燃聚丙烯的性能及机理研究 [D]. 广州：华南理工大学，2014.
[48] 聂芹. 抗紫外光老化阻燃聚丙烯的研究 [D]. 杭州：浙江工业大学，2012.
[49] 陈继尊. 废PCB粉改性聚丙烯复合材料结构与性能的研究 [D]. 广州：华南理工大学，2013.
[50] 解昊. 聚丙烯无纺布的光老化与降解 [D]. 广州：华南理工大学，2012.
[51] 贾帅. 废旧聚丙烯与尼龙6共混物的结构与性能研究 [D]. 太原：中北大学，2018.
[52] 倪玲贵. 热塑性弹性体/PP共混改性及其室内外温差老化性能研究 [D]. 乌鲁木齐：新疆大学，2018.
[53] 邓毅. 反应挤出聚丙烯接枝腰果酚的工艺优化、老化性能及其增容作用 [D]. 福州：福建师范大学，2015.
[54] 陈键. 聚丙烯耐热氧老化性能的研究 [D]. 广州：仲恺农业工程学院，2015.
[55] 慈书亭. 无卤阻燃长玻纤增强聚丙烯复合材料的热氧老化性能研究 [D]. 贵阳：贵州大学，2015.
[56] 于德志. 驱油用磺化改性聚丙烯酰胺的合成与性能研究 [D]. 大庆：东北石油大学，2015.
[57] 杨卓. 纤维表面处理对苎麻增强聚丙烯复合材料界面性能及老化性能的影响 [D]. 上海：东华大学，2016.
[58] 顾伟. 聚丙烯的透明性和耐老化性研究 [D]. 天津：天津科技大学，2013.
[59] 周吓星. 竹粉增强聚丙烯发泡复合材料的研究 [D]. 福州：福建农林大学，2012.
[60] 黄舒晟. 竹粉增强聚丙烯发泡复合材料老化机制的研究 [D]. 福州：福建农林大学，2013.
[61] 马建忠. 聚丙烯/蒙脱土纳米复合材料老化性能研究 [D]. 兰州：兰州理工大学，2007.
[62] 党文杰. 紫外加速老化对木纤维/聚丙烯复合材料性能的影响 [D]. 哈尔滨：东北林业大学，2007.
[63] BOBET A A, LEE J. Pullout capacity of a reinforced soil in drained and undrained conditions [J]. Finite Elements in Analysis and Design, 2008, 44：525-536.

[64] ABDELAAL F B, ROWE R K. Effect of high temperatures on antioxidant depletion from different HDPE geomembranes [J]. Geotextiles and Geomembranes, 2014, 42: 284-301.

[65] BAI X H, HUANG X Z, ZHANG W. Bearing capacity of square footing supported by a geobelt-reinforced crushed stone cushion on soft soil [J]. Geotextiles and Geomembranes, 2013, 38: 37-42.

[66] DEBNATH P, DEY A K. Bearing capacity of geogrid reinforced sand over encased stone columns in soft clay [J]. Geotextiles and Geomembranes, 2017, 45: 653-664.

[67] DONG Y L, HAN J, BAI X H. Numerical analysis of tensile behavior of geogrids with rectangular and triangular apertures [J]. Geotextiles and Geomembranes, 2011, 29: 83-91.

[68] EWAIS A M R, ROWE R K, SCHEIRS J. Degradation behaviour of HDPEgeomembranes with high and low initial high pressure oxidative induction time [J]. Geotext. Geomemb., 2014, 42 (2): 111-126.

[69] GRABMAYER K, WALLNER G M, BEIMANN S. Characterization of the aging behavior of polyethylene by photoluminescence spectroscopy [J]. Polymer Degradation and Stability, 2014, 107: 28-36.

[70] GULEC S B, EDIL T B, BENSON C H. Effect of acidic mine drainage on the polymer properties of an HDPE geomembrane [J]. Geosynth. Int., 2004, 2 (11), 60-72.

[71] HAWKINS W L, HANSEN R H, MATREYEK W, et al. The effect of carbon black on thermal antioxidants for polyethylene [J]. J. Appl. Polym. Sci., 1959, 1 (1): 37-42.

[72] HAWKINS W L, MATREYEK W, WINSLOW F H. The morphology of semicrystalline polymers. Part I. The effect of temperature on theoxidation of polyolefins. J. Polym. Sci., 1959, 41 (138): 1-11.

[73] HSUAN Y G, KOERNER R M. Antioxidant depletion lifetime in high density polyethylene geomembranes [J]. ASCE J. Geotech. Geoenviron. Eng., 1998, 124 (6): 532-541.

[74] JAHANDARI S, LI J, SABERIAN M, et al. Experimental study of the effects of geogrids on elasticity modulus, brittleness, strength, and stress-strain behavior of lime stabilized kaolinitic clay. GeoResJ., 2017, 13: 49-58.

[75] MAISONNEUVE C, PIERSON P, DUQUENNOI C, et al. Accelerated aging tests for geomembranes used in landfills. In: Proceedings of the 6th International Landfill Symposium, . Sardinia, Cagliari, Italy, 1997, 3: 207-216.

[76] MÜLLER W, JACOB I. Oxidative resistance of high density polyethylene geomembranes [J]. Polym. Degrad. Stable, 2003, 79 (1): 161-172.

[77] RAJESH U, SAJJA S, CHAKRAVARTHI V K. Studies on engineering performance of geogrid reinforced soft subgrade [J]. Transportation Research Procedia, 2016, 17: 164-173.

[78] RIMAL S, ROWE R K, Hansen S. Durability of geomembrane exposed to jet fuel a-1. In: Proceedings of the 57th Canadian Geotechnical. Conference, Quebec City, Session 5D, 2004, 13-19.

[79] ROWE R, SANGAM P H. Durability of HDPE geomembranes [J]. Geotextiles and Geomembranes, 2002, 20 (2): 77-95.

[80] ROWE R, RIMAL S. Depletion of antioxidants from a HDPE geomembrane in a composite liner [J]. Journal of Geotechnical and Geoenvironmental Engineering, 2008, 134 (1): 68-78.

[81] ROWE R, RIMAL S. Aging of HDPE geomembrane in three composite landfill liner configurations [J]. Journal of Geotechnical and Geoenvironmental Engineering, 2008, 134 (7): 906-916.

[82] ROWE R, RIMAL S, SANGAM H. Ageing of HDPE geomembrane exposed to air, water and leachate at different temperatures [J]. Geotextiles and Geomembranes, 2008, 27 (2): 137-151.

[83] ROWE K R, Abdelaal F B, Islam M Z, Hsuan Y G. The strange effect of increasing temperature

in accelerated ageing of HDPE GMBs immersed in liquids. In: 9th International Conference on Geosynthetics, Guaruja, Brazil, 2010 (2). 793-798.

[84] ROWE K R, ISLAM Z M, HSUAN G Y. Effects of thickness on the aging of HDPE geomembranes [J]. Journal of Geotechnical and Geoenvironmental Engineering, 2010, 136 (2): 299-309.

[85] ROBERTSON D. The oxidative resistance of polymeric geosynthetic barriers (GBR-P) used for road and railway tunnels [J]. Polymer Testing, 2013, 32 (8): 1594-1602.

[86] SANGAM P H, ROWE K R. Effects of exposure conditions on the depletion of antioxidants from high-density polyethylene (HDPE) geomembranes [J]. Canadian Geotechnical Journal, 2002, 39 (6): 1221-1230.

[87] WONG W, HSUAN G Y. Interaction of antioxidants with carbon black in polyethylene using oxidative induction time methods [J]. Geotextiles and Geomembranes, 2014, 42 (6): 641-647.

[88] 蒋文凯, 王钊, 邓卫东. 土工合成材料的老化指标试验 [J]. 武汉大学学报, 2005, 38 (3): 88-91.

[89] 白建颖. 土工布老化试验研究 [J]. 纺织学报, 1996 (5): 314-316.

[90] 甘采华, 梁寿忠, 李春英, 土工合成材料老化指标的研究 [J]. 广西大学学报, 2007, 32 (3): 243-247.

[91] 杨广庆, 王贺, 刘华北, 等. HDPE土工格栅加筋土结构的筋材长期强度研究 [J]. 东华大学学报, 2014, 40 (2): 167-170.

[92] 蒋文凯, 王钊, 邓卫东. 土工合成材料老化指标的研究 [J]. 人民长江, 2005, 36 (4): 63-65.

[93] 蒋文凯, 周德存, 姚焕玫. 土工合成材料紫外线老化室内加速试验研究 [J]. 路基工程, 2007 (5): 63-64.

[94] 包伟国, 薛育龙, 杨旭东. 聚丙烯土工合成材料的老化与防老化 [J]. 上海纺织科技, 2004, 32 (4): 39-41.

[95] 郑智能, 凌天清, 李东升. 土工合成材料的光氧老化试验研究 [J]. 重庆交通学院学报, 2004, 23 (6): 67-69.

[96] 杨旭东, 丁辛. 土工合成材料的老化性能研究 [J]. 合成材料老化与应用, 2001 (2): 34-39.

[97] 牛晓明, 杨旭东. 应力对高聚物土工合成材料老化的影响 [J]. 国际纺织导报, 2004 (1): 74-78.

5 考虑蠕变、老化作用影响的土工格栅加筋砂土界面特性

5.1 引 言

土工格栅与土的筋土界面摩擦特性直接影响加筋土结构的安全、稳定,在加筋土结构的设计中至关重要。目前,对于土工格栅与土相互作用规律的研究多采用理论研究和室内模型试验结合的方法,研究成果不够成熟。研究土工格栅与土界面力学特性、影响因素、作用机理、设计方法成为加筋土结构中重要而紧迫的课题。由于土工格栅的黏弹性力学特性,可能发生蠕变和老化作用,土工格栅与土之间的界面特性研究更复杂。目前的研究成果不能全面而真实地解释土工格栅与土界面特性问题,还需要开展更多的界面特性研究,以解释作用机理、推断变化过程。

本章利用大型直剪仪对蠕变、老化及老化蠕变耦合作用条件下的土工格栅加筋砂土的筋土界面特性开展试验研究,分析不同蠕变应力水平、老化时长和老化蠕变耦合作用对筋土界面参数的影响,为蠕变、老化作用对加筋砂土地基的加筋机理分析提供试验依据。

5.2 加筋理论

5.2.1 摩擦加筋理论[1-2]

摩擦加筋理论以加筋土破坏模式为基础推导得到。在加筋结构中,外荷载产生的土侧向压力传给土工格栅,土工格栅受拉的同时约束土体产生的侧向位移,从而增大结构的刚度,提高其稳定性。加筋结构筋土界面的摩阻力主要包括3个方面:

(1) 土工格栅上、下表面与土颗粒的摩擦作用。当土工格栅与土界面存在相对位移时,摩擦作用随之产生。与土工织物不同,土工格栅的网孔较大,土工格栅上、下表面与土接触的面积较小,因此摩擦作用不明显。土工格栅与土的摩擦阻力主要包括肋条上的端力和节点上的摩阻力。

(2) 土工格栅肋条上的端承力作用产生的阻力,在筋土发生相对位移时才能形成。

(3) 土工格栅网孔对土颗粒的嵌固和咬合作用是土工格栅加筋传递应力的主要方式,充分体现土工格栅相对于其他筋材的优越性。嵌固咬合作用的大小与网孔尺寸、肋条厚度、填土性质等因素有关。

摩擦加筋理论是加筋土结构极限平衡分析理论的基础,在加筋结构中得到广泛应用。但摩擦加筋理论认为筋材的加固作用仅限于接触面处产生的摩擦,不能反映筋材实

际应力和应变。另外，摩擦加筋理论中界面摩擦因数的确定缺乏足够的理论依据，其计算结果明显低估了土工格栅的加筋作用。

5.2.2 准黏聚力原理[2-6]

准黏聚力原理认为加筋结构是一种各向异性复合材料。该原理在分析三轴非加固砂土试验结果的基础上提出。当未加筋砂在主应力作用下达到极限平衡态时，在同一主应力作用下加筋砂不能达到极限平衡状态，处于弹性平衡状态。保持主应力 σ_3 不变，要使加筋砂达到新的极限平衡状态，将 σ_1 增加到 σ_{1f}，加筋后砂土强度提高。根据库仑-摩尔强度理论，土工格栅加筋没有改变砂的颗粒级配，假定加筋前、后内摩擦角 φ 不变。加筋土增加了由 c' 引起的强度增加，在加筋土极限平衡状态下 σ_{1f} 的计算公式为

$$\sigma_{1f} = \sigma_3 \tan^2(45° + \varphi/2) + 2c' \tan(45° + \varphi/2) \tag{5-1}$$

式中，φ 为加筋土的内摩擦角；c' 为加筋土的准黏聚力。

5.2.3 均质等代材料原理[4-7]

在均质材料原理下的加筋土结构是由填料与筋材交替形成的复合结构。每一层筋材和填土形成一个单元层，彼此平行且间距一致。加筋土结构可看作交变正交层系统。采用等代均质材料理论对该交替正交层进行分析，研究荷载作用下加筋土结构的特征。在计算加筋土的应力分布时，需要确定等代土和加筋均质材料的性质和荷载条件。通过将未加筋土的临界应力与加筋土结构的临界应力区进行比较，得到不同加筋量、不同加筋方向和不同加筋材料布局的加筋土结构优化设计。对平均等代材料原理的分析表明，加筋体为弹性体，加筋材料和土没有发生相对滑动。采用均值等代材料原理进行计算时，关键要确定等代各向同性正交材料的参数。

5.2.4 加筋垫层的应力扩散作用理论[6-8]

根据加筋垫层的应力扩散作用理论，在加筋垫层应力扩散过程中，垫层下地基的应力会大大减小。因此，土工格栅的加入除增加筋界面的摩擦力外，筋材和砂垫层形成的加筋垫层对提高地基承载力也有积极作用，应力扩散效应大于筋材的拉伸效应。

5.2.5 加筋土结构的破坏模式

在加筋土结构中，土工格栅的性能与筋土界面特性直接决定了加筋土结构的安全性能。加筋土结构的破坏形式主要有3种类型[9]：

（1）筋材拉裂破坏。在充分发挥筋材与土体之间的咬合力前，由于筋材的抗拉强度不足而被拉断，造成加筋土结构的破坏。

（2）筋材拔出破坏。由于筋土界面的摩擦阻力不足，所以土颗粒滑移、重新排列，筋土界面发生剪切破坏，土工格栅被拔出，最终导致加筋土结构的破坏。

（3）加筋土结构的极限破坏。筋材与土的接触界面的相互作用充分发挥，同时土工格栅达到极限拉伸状态，加筋土结构发生整体破坏。

5.3 筋土界面特性研究方法

5.3.1 筋土界面特性试验方法

筋土结构界面特性试验研究方法主要以直剪试验和拉拔试验的应用最广,是筋土界面特性研究的主要手段[10]。

(1)直剪试验

直剪试验主要用于研究筋土界面相互作用机理、抗剪强度指标及应力应变关系,能很好地反映筋土界面的抗剪强度特性。直剪试验仪器包括上下剪切盒、加载系统和量测系统。加载系统包括垂直荷载施加系统和水平荷载施加系统。直剪试验测试加筋土结构界面特性的手段成熟、试验成果稳定。直剪试验的缺点为试验中剪切位移有限且剪应力不在同一平面。在剪切过程中,筋材会发生滑移、变形。

(2)拉拔试验

拉拔试验旨在研究筋土的相互作用机理、摩擦系数及应力应变规律,以确定合理的锚固长度和稳定性分析,可通过拉拔试验结果分析筋土界面相互作用机理,得到筋土界面的摩擦系数,确定工程设计中合理的锚固长度,进行相应的稳定性分析。拉拔试验与其他研究方法相比,更接近实际情况,但在试验设备、方法上没有统一标准,拉拔试验常在改装的直剪仪上进行,试验条件上的不一致导致试验结果的可比性不强。

5.3.2 土工格栅筋土界面特性参数

描述土工格栅筋土界面特性的参数为界面抗剪强度和界面似摩擦因数。筋土界面抗剪强度与法向应力呈线性关系,满足摩尔库仑强度理论[11-12],公式为

$$\tau = c_a + \sigma \tan\delta \tag{5-2}$$

式中,τ 为筋土界面的抗剪强度,kPa;c_a 为筋土界面的似黏聚力,kPa;σ 为筋土界面的法向应力,kPa。

筋土界面似摩擦因数 μ^* 为

$$\mu^* = \tan\delta \tag{5-3}$$

筋土界面抗剪强度可表示为

$$\tau = c_a + \sigma\mu^* \tag{5-4}$$

土工格栅筋土界面作用机理较复杂,不仅与筋材的抗拉强度、表面粗糙度、弹性模量、网格形状、网格尺寸等有关,也与填料的密度、密实度、含水量、颗粒级配工程特性有关,同时受试验方法的剪切速率、填料厚度、筋土相对位移、盒壁粗糙程度及边界约束条件影响。

Koerner 为研究不同型号的土工格栅与砂土直剪的界面摩擦特性,引入摩擦因数比 E_c 和 E_φ[13] 后为

$$E_c = \frac{c_a}{c} \tag{5-5}$$

$$E_\varphi = \frac{\tan\delta}{\tan\varphi} \tag{5-6}$$

式中，E_c 为似黏聚力比；E_φ 为似摩擦因数比；c 为砂土的黏聚力；φ 为砂土的内摩擦角。

5.4 直剪试验设备及材料

加筋土结构中，筋材与土体的相互作用是影响加筋土结构强度的关键。本书通过室内直剪试验方法研究筋土界面在蠕变、老化条件下的相互作用。

5.4.1 直剪试验系统

本次直剪试验系统采用美国 Geocomp 公司生产的 Shear Trac Ⅲ 室内大型直剪仪（图 5-1）。该系统能自动完成筋土界面的直剪试验，确定界面摩擦特性。利用微步进马达施加水平荷载，可在试验的任何阶段改变试验过程和试验条件。

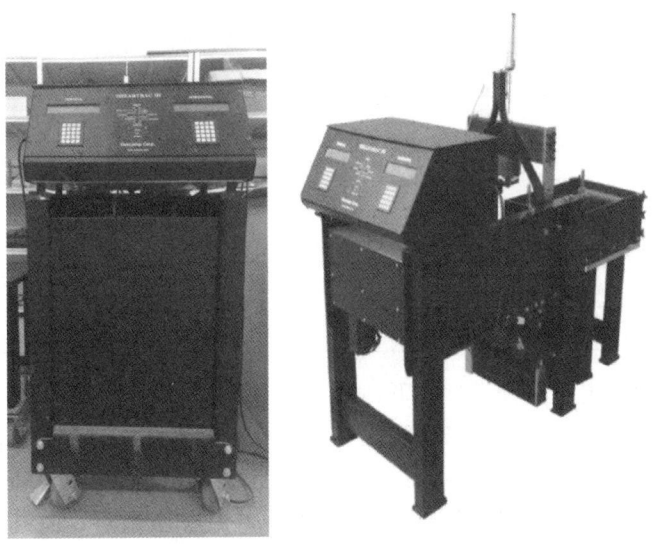

图 5-1 Shear Trac Ⅲ 室内大型直剪仪

5.4.2 试验材料

5.4.2.1 试验用砂

本试验主要考虑蠕变、老化作用对土工格栅加筋土的筋土界面特性影响，为避免填土的离散性影响试验数据的精度，填料采用福建省非金属矿有限责任公司生产的标准砂。直剪试验用砂物理性质的抗剪强度指标：$c=0$，$\varphi=18.78°$，试验时相对密实度为 70%。试验用砂物理指标如表 5-1 所示。

表 5-1 试验用砂物理指标

类别	不均匀系数 C_u	曲率系数 C_c	ρ_{dmax} /(g/cm³)	ρ_{dmin} /(g/cm³)	限制粒径/mm		
					d_{60}	d_{30}	d_{10}
标准砂	1.79	0.91	1.71	1.33	0.52	0.37	0.29

5.4.2.2 土工格栅

本书考虑蠕变、老化影响及老化蠕变耦合作用影响的土工格栅筋土界面特性研究，共设计直剪试验15组。直剪试验中的土工格栅技术指标如表5-2所示。

表5-2 直剪试验中的土工格栅技术指标

序号	试样编号	产品规格	蠕变应力水平	老化时长/h
1	UR	—	—	—
2	CR1-1	BG1	0	0
3	CR1-2	BG1	20%UTS	—
4	CR1-3	BG1	30%UTS	—
5	CR1-4	BG1	40%UTS	—
6	AG1-1	BG1	—	老化500h
7	AG1-2	BG1	—	老化600h
8	AG-CR1-1	BG1	40%UTS	老化500h
9	CR2-1	BG2	0	0
10	CR2-2	BG2	20%UTS	—
11	CR2-3	BG2	30%UTS	—
12	CR2-4	BG2	40%UTS	—
13	AG2-1	BG2	—	老化500h
14	AG2-2	BG2	—	老化600h
15	AG-CR2-1	BG2	40%UTS	老化500h

直剪试验选用的土工格栅类型如下：

（1）为研究蠕变特性对土工格栅筋土界面特性的影响，比较2种聚丙烯双向土工格栅在不同应力水平下蠕变1000h后的试样及未蠕变的试样的筋土界面特性参数，由于蠕变应力水平为60%UTS的2种格栅均在不足1000h时发生断裂，故选取蠕变应力水平为20%、30%、40%UTS、蠕变1000h的土工格栅及未蠕变的土工格栅与未加筋砂土进行对比。

（2）为分析老化特性对土工格栅筋土界面特性的影响，选取光氧老化500h、600h的聚丙烯双向土工格栅BG1、BG2开展大型直剪试验。

（3）为了解老化、蠕变耦合作用影响对土工格栅界面特性的影响，针对2种土工格栅开展老化500h耦合应力水平为40%UTS蠕变1000h加筋砂土直剪试验。

5.4.3 直剪试验步骤

依据《土工合成材料测试规程》中直剪试验的方法开展剪切试验。采用落雨法将标准砂分层击实置于上盒中，每层击实后的高度控制为2cm。砂土密实度对直剪试验的影响较大，为保证试验结果的可比性，每层装入相同质量的砂，并将击实后的砂相对密实度的均值控制为70%。试验中的竖向压力分别为25kPa、50kPa、75kPa。剪切速率为0.5mm/min，剪切位移达到45mm时试验终止。直剪试验制样过程如图5-2所示。

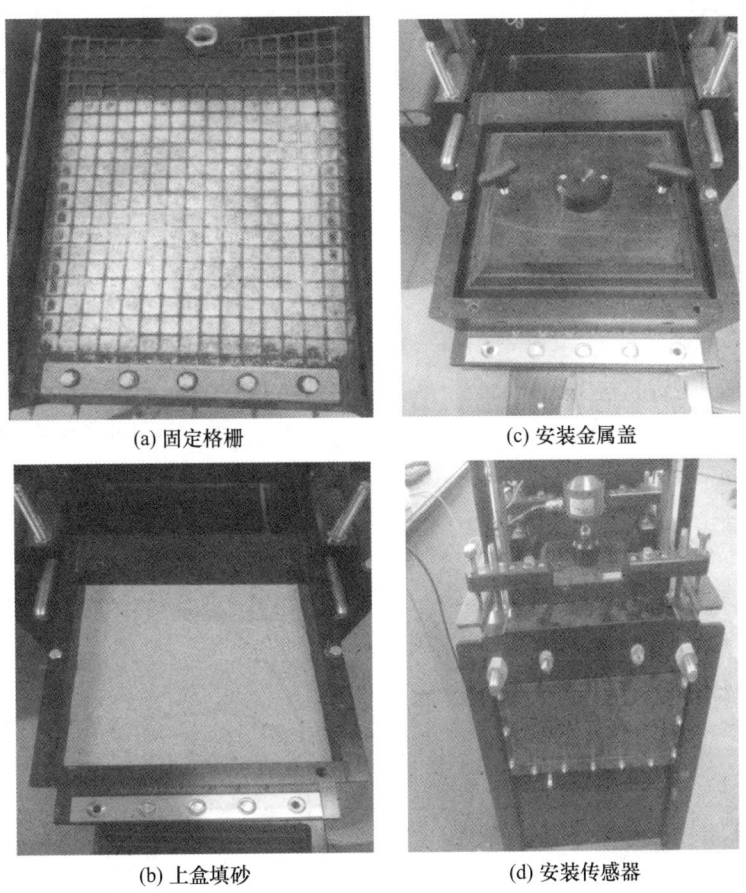

(a) 固定格栅　　(c) 安装金属盖
(b) 上盒填砂　　(d) 安装传感器

图 5-2　直剪试验制样过程

5.4.4　直剪试验结果与分析

图 5-3 为标准砂试样的 $\tau\text{-}\delta$ 曲线。图 5-4、图 5-5 分别为 2 种双向土工格栅 BG1、BG2 的剪切试验曲线。

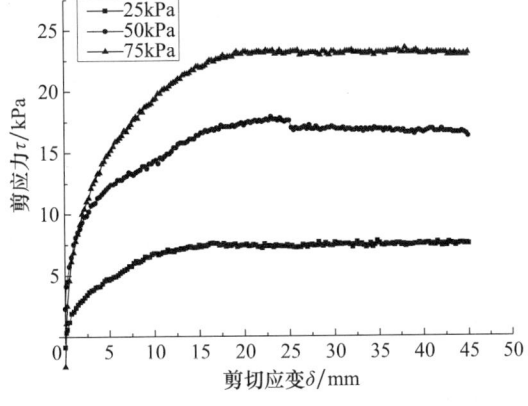

图 5-3　标准砂试样的 $\tau\text{-}\delta$ 曲线

(a) 未蠕变　(b) 应力水平为20%UTS

(c) 应力水平为30%UTS　(d) 应力水平为40%UTS

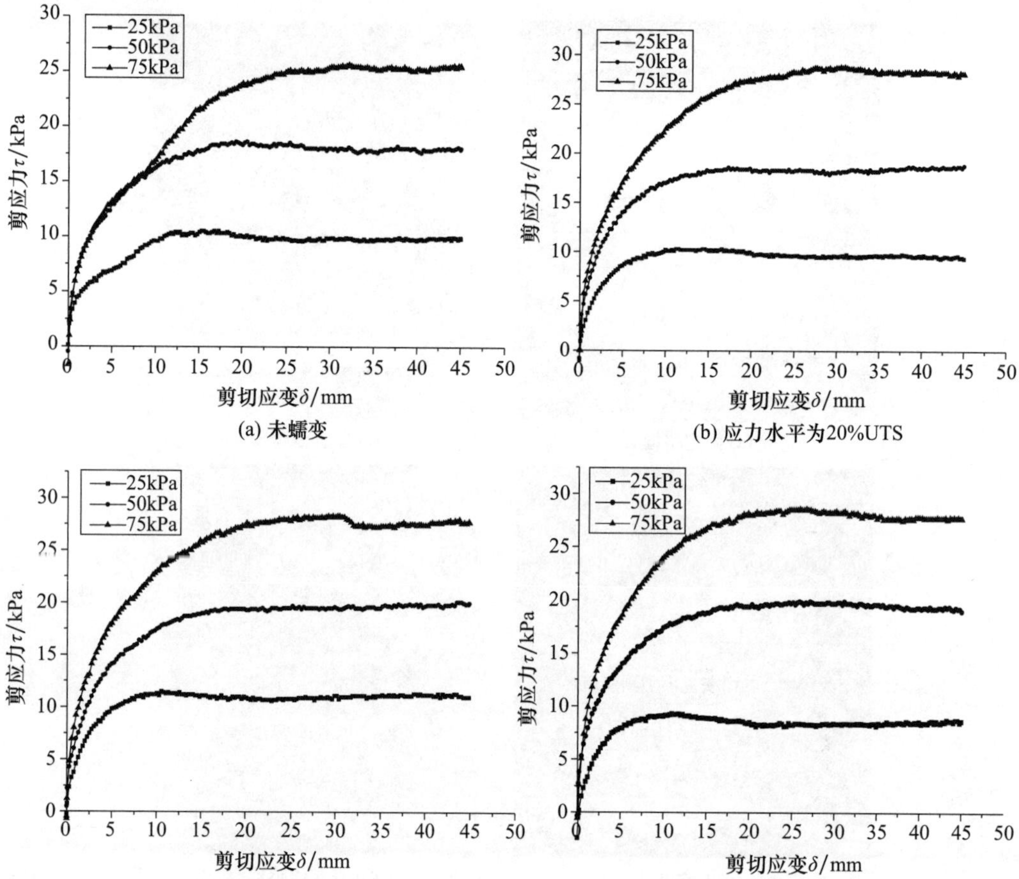

图 5-4　BG1 土工格栅与砂土界面的 τ-δ 曲线

对各组试样的大型直剪试验，得到土工格栅筋土界面的剪应力与应变关系曲线。取峰值剪应力或稳定值作为破坏点，绘制破坏点剪应力与垂直压应力之间的关系曲线，即通过对试验结果进行线性回归拟合得直剪试样的竖向压应力与剪应力之间的关系曲线（图 5-6、图 5-7），从中进一步可得到筋土界面的参数黏聚力和内摩擦角。

(a) 未蠕变　(b) 应力水平为20%UTS

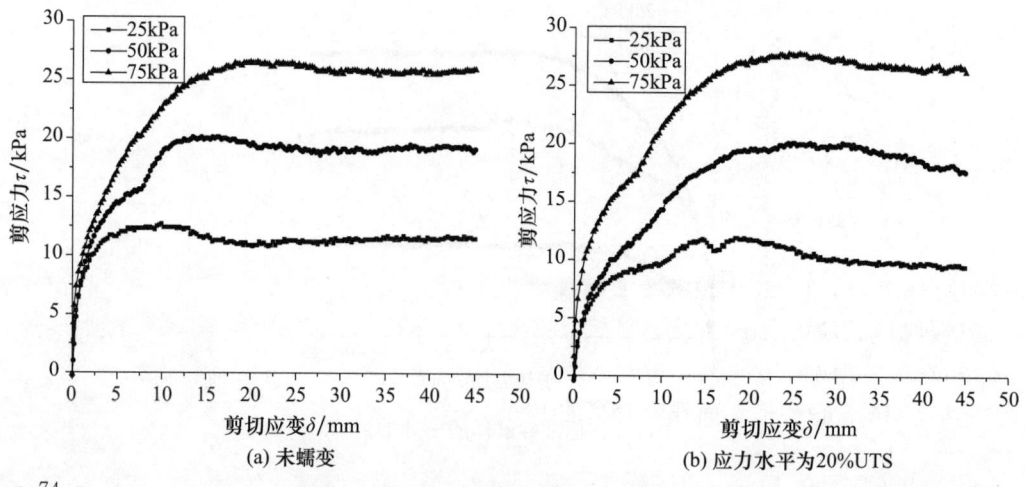

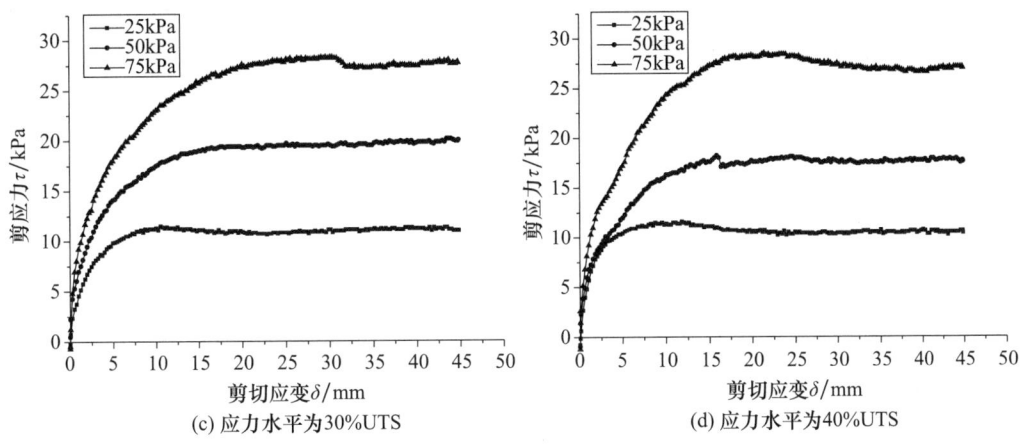

(c) 应力水平为30%UTS (d) 应力水平为40%UTS

图 5-5 BG2 土工格栅与砂土界面的 τ-δ 曲线

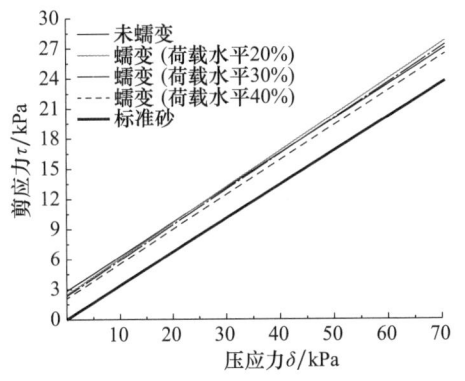

图 5-6 BG1 土工格栅加筋土 τ-σ 曲线

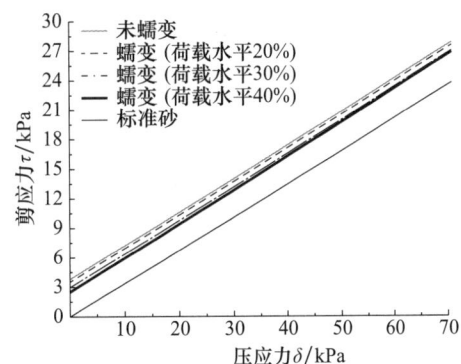

图 5-7 BG2 土工格栅加筋土 τ-σ 曲线

由试验曲线可知，土工格栅加筋砂土筋土界面参数不仅与加筋材料有关，而且与蠕变应力水平有关。为评价土工格栅的蠕变作用对筋土界面特性的影响，引入以下参数：

土工格栅长期工作性能摩擦影响系数 ψ_c 为蠕变、老化条件下界面似黏聚力与原土工格栅的似黏聚力之比。

$$\psi_c = \frac{c_{ca}}{c_a} \tag{5-7}$$

式中，c_a 为原土工格栅筋土界面似黏聚力；c_{ca} 为蠕变、老化土工格栅筋土界面似黏聚力。

与未蠕变的土工格栅加筋相比，不同应力水平下的蠕变作用对筋土界面特性的影响主要体现在对黏聚力的降低（表 5-3）。

(1) 蠕变作用对筋土界面特性参数的影响

土工格栅在土中起提高土体抗剪强度的作用，在工作过程中主要承受拉力作用。在长期荷载作用下，由高分子聚合物为主要材料的土工格栅将产生蠕变作用。根据试验结果，对于聚丙烯双向土工格栅，蠕变作用对土工格栅加筋土筋土界面特性的影响主要体现为黏聚力的降低，与未蠕变的土工格栅加筋土的黏聚力相比，土工格栅 BG1 在应力水平为 20%、30%、40%UTS 下，加载时长为 1000h 后加筋土筋土界面的黏聚力的降低分别为 7.07%、9.89%、10.89%；土工格栅 BG2 在相同的蠕变条件下，加筋土筋土界面的黏聚力的降低分别为 8.14%、9.71%、10.85%。

(2) 老化作用对筋土界面特性参数的影响

土工格栅在老化作用下筋土界面参数变化与老化时长有关，老化时长越长，界面参数降低的值越多。在老化 500h 下，BG1、BG2 土工格栅试样加筋土筋土界面的黏聚力的降低分别为 13.07%、12.07%。当老化时长为 600h 时，BG1、BG2 土工格栅试样加筋土筋土界面的黏聚力的降低分别为 17.07%、15.82%。

(3) 老化、蠕变耦合作用对筋土界面特性参数的影响

老化、蠕变耦合作用对筋土界面特性参数的影响大于单纯的老化、蠕变作用对其的影响。在同样老化时长的条件下，土工格栅老化、蠕变耦合作用对筋土界面特性参数的影响与应力水平有关，应力水平越高，界面参数降低的值越大。在老化 500h 且蠕变 40%UTS 下，BG1、BG2 土工格栅试样加筋土筋土界面的黏聚力的降低分别为 20.14%、18.11%。

表 5-3 考虑土工格栅蠕变作用的筋土界面特性参数

序号	试样编号	格栅种类	蠕变等级	黏聚力 c/kPa	内摩擦角 φ/(°)	长期工作性能摩擦影响系数 ψ_c
1	UR	未加筋	—	0.70	18.78	—
2	CR1-1	BG1	未蠕变	2.83	18.78	1.00
3	CR1-2	BG1	20%UTS	2.63	19.29	0.93
4	CR1-3	BG1	30%UTS	2.57	19.29	0.91
5	CR1-4	BG1	40%UTS	2.55	19.29	0.90
6	AG1-1	BG1	老化 500h	2.46	19.29	0.87
7	AG1-2	BG1	老化 600h	2.41	19.29	0.85
8	AG-CR1-1	BG1	老化 500h 蠕变 40%UTS	2.26	19.29	0.80
9	CR2-1	BG2	未蠕变	3.81	19.29	1.00
10	CR2-2	BG2	20%UTS	3.50	18.78	0.92
11	CR2-3	BG2	30%UTS	3.47	18.78	0.91
12	CR2-4	BG2	40%UTS	3.43	18.78	0.90
13	AG2-1	BG2	老化 500h	3.35	18.78	0.88
14	AG2-2	BG2	老化 600h	3.28	18.78	0.86
15	AG-CR2-1	BG2	老化 500h 蠕变 40%UTS	3.12	18.78	0.82

蠕变、老化、老化蠕变耦合作用对土工格栅加筋土筋土界面的内摩擦角影响不大，变化幅度在 3% 内。筋土界面抗剪强度较砂土抗剪的强度的提高主要取决于土工格栅肋条表面与砂粒的摩擦作用、土工格栅肋条对砂粒的嵌固作用与对砂土颗粒产生的嵌固作用，从而提高筋土界面的黏聚力。土工格栅的网孔尺寸及形状、肋条厚度、节点厚度等因素均会影响格栅肋条对砂粒的嵌固作用，从而影响黏聚力的大小。蠕变作用使土工格栅的肋条变细、网孔尺寸变大、节点变薄，导致对砂土颗粒的嵌固作用削弱，使筋土界面的黏聚力降低。

5.5 本章小结

通过15组土工格栅砂土界面直剪试验，探讨蠕变、老化作用对土工格栅加筋土筋土界面特性的影响规律，根据试验结果得出以下结论：

（1）土工格栅的蠕变将引起筋土界面相互作用的改变，使黏聚力降低，但是内摩擦角基本不变。这是由于土工格栅在长期荷载作用下，蠕变作用使肋条变细，格栅网格尺寸变大、节点变薄，嵌固作用降低所致。

（2）不同强度的双向土工格栅受蠕变作用影响所导致的筋土界面黏聚力的改变略有不同。在相同的应力水平下，初始抗拉强度较高的土工格栅受到蠕变作用的影响略小于初始抗拉强度较低的土工格栅蠕变的影响。

（3）蠕变、老化作用对土工格栅加筋土筋土界面特性的影响主要体现为界面似黏聚力的降低。与未蠕变的土工格栅加筋土的黏聚力相比，蠕变作用对界面特性的影响最小，黏聚力降低7%～10%，界面似黏聚力降低百分比与土工格栅蠕变应力水平有关，蠕变应力水平越高，黏聚力降低越多；土工格栅老化作用对筋土界面黏聚力降低10%～15%，老化时长越长，界面黏聚力降低越多；老化蠕变耦合作用筋土界面黏聚力影响最大，界面似黏聚力降低15%～20%。

5.6 参考文献

[1] 杨果林. 现代加筋土技术应用与研究进展 [J]. 力学与实践，2002，24（1）：9-17.

[2] 王力威. 加筋土与加筋土理论发展概述 [J]. 中国科技信息，2005，2（22A）：105-105.

[3] 陈晶. 加筋土挡墙的加筋机理和理论研究综述 [J]. 水利科技与经济，2006，12（12）：803-805.

[4] GRAY D H, OHASHI H. Mechanics of fiber reinforcement in sand [J]. Journal of Geotechnical Engineering，1983，109（3）：335-353.

[5] HARRISON W J, GERRARD C M. Elastic theory applied to reinforced earth [J]. Journal of the Soil Mechanics & Foundations Division，1972，98.

[6] 张师德，吴邦颖. 加筋土结构原理及应用 [M]. 北京：中国铁道出版社，1980.

[7] SCHLOSSER F, LONG N T. Recent results in French research on reinforced earth [J]. Journal of the Construction Division，1974，100：223-237.

[8] 梁波，孙遇祺. 加筋土模型试验中的拉力破坏研究 [J]. 岩土工程学报，1995，17（2）：83-87.

[9] Ahmed Hosny Mohammed Abdel-Rahman. Modeling of soil-geosynthetic interaction in reinforced earth works [D]. New Orleans：Tulane University，1997.

[10] 杨广庆. 土工格栅加筋土结构理论及工程应用 [M]. 北京：科学出版社，2010.

[11] TERZAGHI K. Theoretical soil mechanics [M]. New York：John Wiley and Sons, INC，1943.

[12] 黄晓明，朱湘. 公路土工合成材料应用原理 [M]. 北京：人民交通出版社，2001.

[13] KOERNER R M. Design with geosynthetics [M]. New Jersy：Person Education, Inc.，2005.

[14] 谢宝琎，张向东，杜常博. 不同含水率下尾矿与土工格栅界面特性的试验研究 [J]. 试验力学，2018，33（1）：127-133.

[15] 张正，刘振华. 土工格栅与黄土相互作用机制的拉拔试验研究 [J]. 兰州工业学院学报，2018，25（1）：1-6.

[16] 丁鲁强,李大勇,陈福全.土工格栅与饱和细砂的界面特性试验研究[J].长江科学院院报,2018,35(11):6.

[17] 吴迪,陈凡.土工合成材料界面作用特征的拉拔试验研究[J].江西建材,2017(16):263-268.

[18] 张威,黄显贵.格栅加筋道砟界面宏细观力学响应的离散元研究[J].山西交通科技,2017(4):56-58.

[19] 陶杰,李峰,邵飞.加筋增强泡沫夹芯结构面内压缩与界面断裂性能试验[J].复合材料学报,2018,35(5):1123-1130.

[20] 赖丰文,李丽萍,陈福全.双向土工格栅与砂土界面循环剪切特性研究[J].中国科技论文,2017,12(13):1559-1564.

[21] 李静.土工格栅筋土界面摩阻力分布拉拔试验研究[J].人民黄河,2017,39(6):125-129.

[22] 唐晓松,郑颖人,王永甫,等.关于土工格栅合理网孔尺寸的研究[J].岩土力学,2017,38(6):1583-1588.

[23] 黄凌凯,朱礼宝,章向明,等.复合材料帽型加筋板界面应力与失效模拟[J].玻璃钢复合材料,2017(5):34-40.

[24] 李贵超,张孟喜.带加强锚固片的双向土工格栅拉拔试验研究[J].水力发电学报,2017,36(5):104-111.

[25] 刘飞禹,张涛,施静.Sandwich形加筋土筋土界面的循环剪切特性[J].中国公路学报,2017,30(05):38-43.

[26] 何怡.南水北调工程复合土工膜老化特性及拉伸强度衰减规律研究[D].北京:中国地质大学,2017.

[27] 唐晓松,王永甫,冯雨实.土工格栅间距和凸点厚度对其界面特性试验的影响[J].重庆建筑,2017,16(4):35-39.

[28] 王家全,张亮亮,陈亚菁,等.土工格栅加筋砂土三轴试验离散元细观分析[J].水利学报,2017,48(4):426-434.

[29] 张国凡,孙侠生,孙中雷.复合材料加筋壁板剪切破坏试验与后屈曲分析[J].机械科学与技术,2016,35(8):1280-1285.

[30] 刘飞禹,王攀,王军,等.筋-土界面循环剪切刚度和阻尼比的试验研究[J].岩土力学,2016,37(1):159-165.

[31] 苗晨曦,郑俊杰,崔岚,等.格栅-砂土界面宏细观关联性与加筋性能评价方法研究[J].岩石力学与工程学报,2016,35(1):3249-3258.

[32] 李超,陈志伟,周勇,等.填料粒径对经编格栅界面作用特性影响试验研究[J].河南科学,2016,34(4):537-541.

[33] 许业波.粗粒料加筋土边坡格栅应变在空间和时间的变化规律研究[J].土工基础,2016,30(2):237-240.

[34] 李丽华,崔飞龙,肖衡林,等.废旧轮胎条与格栅加筋土剪切性能对比研究[J].人民黄河,2016,38(2):117-120.

[35] 师新业,陈志伟,高逸成.生态景观加筋材料挡土结构研究现状与展望[J].公路与汽运,2016(1):126-134.

[36] 张崇磊.中等压缩性土地区短桩桩网复合地基路基荷载传递规律及沉降机理研究[D].成都:西南交通大学,2015.

[37] 王家全,王宇帆,黄世斌,等.循环荷载作用下土工格栅剪切特性的颗粒流细观分析[J].水利学报,2014,45(9):1082-1090.

[38] 李建，唐朝生，王德银，等．基于单根纤维拉拔试验的波形纤维加筋土界面强度研究［J］．岩土工程学报，2014，36（9）：1696-1704．
[39] 刘宝生，唐朝生，李建，等．纤维加筋土工程性质研究进展［J］．工程地质学报，2013，21（4）：540-547．
[40] 王德银，唐朝生，李建，等．纤维加筋非饱和黏性土的剪切强度特性［J］．岩土工程学报，2013，35（10）：1933-1940．
[41] 王家全，周健，黄柳云，等．土工合成材料大型直剪界面作用宏细观研究［J］．岩土工程学报，2013，35（5）：908-915．
[42] 饶辉，许希武，朱炜垚，等．复合材料加筋板低速冲击损伤的数值模拟［J］．复合材料学报，2013，30（4）：211-218．
[43] 刘泽．生态型加筋土挡墙动静力学特性试验研究与数值分析［D］．长沙：中南大学，2012．
[44] 古兴瑾，许希武．复合材料整体化加筋壁板高速冲击损伤数值模拟［J］．航空学报，2012，33（2）：258-272．
[45] 唐朝生，施斌，顾凯．纤维加筋土中筋/土界面相互作用的微观研究［J］．工程地质学报，2011，19（4）：610-614．
[46] 常园园，许希武，郭树祥．压缩载荷下复合材料整体加筋板渐进损伤非线性数值分析［J］．复合材料学报，2011，28（4）：202-211．
[47] 董彦莉．土工格栅加筋砂土的特性研究及加筋垫层的承载力计算［D］．太原：太原理工大学，2011．
[48] 刘从玉，许希武，陈康．考虑脱黏的复合材料加筋板屈曲后屈曲及承载能力数值分析［J］．复合材料学报，2010，27（6）：158-166．
[49] 许尚杰．土坝的耐久性与安全评价方法研究［D］．西安：西安理工大学，2010．
[50] 陈建峰，李辉利．土工合成材料加筋土界面特性研究现状及展望［J］．地下空间与工程学报，2009，5（5）：1049-1054．
[51] 汪明元．土工格栅与膨胀土的界面特性及加筋机理研究［D］．杭州：浙江大学，2009．
[52] 唐朝生，施斌，高玮，等．纤维加筋土中单根纤维的拉拔试验及临界加筋长度的确定［J］．岩土力学，2009，30（8）：2225-2230．
[53] 史旦达，刘文白，水伟厚，等．单、双向塑料土工格栅与不同填料界面作用特性对比试验研究［J］．岩土力学，2009，30（8）：2237-2244．
[54] 刘文白，周健．土工格栅与土界面作用特性试验研究［J］．岩土力学，2009，30（4）：965-970．
[55] 周健，孔祥利，鞠庆海，等．土工合成材料与土界面的细观研究［J］．岩石力学与工程学报，2007（1）：3196-3202．
[56] 包承纲．土工合成材料界面特性的研究和试验验证［J］．岩石力学与工程学报，2006（9）：1735-1744．
[57] 杨广庆，李广信，张保俭．土工格栅界面摩擦特性试验研究［J］．岩土工程学报，2006（8）：948-952．
[58] 吴景海．土工合成材料界面作用特性的拉拔试验研究［J］．岩土力学，2006（4）：581-585．
[59] 陈仁朋，贾宁，陈云敏．桩承式加筋路堤受力机理及沉降分析［J］．岩石力学与工程学报，2005（23）：4358-4367．
[60] 于志强．土工织物耐久性及堤坝加筋机理的研究［D］．天津：天津大学，2005．
[61] 杨旭东．聚丙烯土工织物的使用寿命预测［D］．上海：东华大学，2005．
[62] 王协群．土工合成材料加筋地基的极限平衡设计与加筋材料的研究［D］．武汉：武汉理工大学，2003．

[63] 吴景海，陈环，王玲娟，等．土工合成材料与土界面作用特性的研究［J］．岩土工程学报，2001（1）：89-93．

[64] 周志刚，孔德江，杨志峰，等．高密度聚乙烯土工格栅与不同填料界面特性［J］．中外公路，2018，38（3）：296-300．

[65] 王家全，张亮亮，刘政权，等．土工格栅加筋砂土地基大模型动载试验研究［J］．岩土力学，2018，39（10）：3539-3547．

[66] 孔德江，周志刚，杨志峰，等．土工格栅与河砂界面特性试验研究［J］．西部交通科技，2017（3）：1-5．

[67] 王家全，陆梦梁，周岳富，等．土工格栅纵横肋的筋土承载特性分析［J］．岩土工程学报，2018，40（1）：186-193．

[68] 郑俊杰，周燕君，曹文昭，等．不同网孔形状格栅加筋土界面特性试验研究［J］．西南交通大学学报，2017，52（3）：482-488．

[69] 周斌，邵迟．花岗岩残积土-土工格栅界面的后循环剪切行为研究［J］．水利与建筑工程学报，2017，15（1）：90-94．

[70] 张骏，林永亮，张波．土工格栅与砂垫层界面力学特性试验研究［J］．长江科学院院报，2017，34（2）：41-44．

[71] 黄鑫，杨川文．土工合成材料加筋土拉拔试验数值模拟分析［J］．长沙理工大学学报（自然科学版），2016，13（4）：8-14．

[72] 王军，刘飞禹，王攀，等．土工布与砂土界面循环剪切动力特性［J］．交通运输工程学报，2016，16（6）：12-20．

[73] 刘飞禹，沈春春，王军，等．不同土工合成材料加筋土界面的静动力直剪特性［J］．上海大学学报（自然科学版），2016，22（5）：637-647．

[74] 周治民．竹筋加筋土筋土界面摩擦特性影响因素分析［J］．四川建筑，2016，36（3）：169-170．

[75] 肖杰，杨和平．膨胀土堑坡格栅加筋柔性支护的数值模拟［J］．公路交通科技，2016，33（6）：1-8．

6 考虑蠕变、老化影响的土工格栅加筋砂地基承载特性

6.1 引 言

加筋地基的设计主要包括地基承载力、地基变形、地基稳定性等内容。随着加筋工程实践的增多，加筋地基的设计理论、方法也在不断发展。

王协群[1]从筋材断裂和筋材拔出 2 种极限状态分析，运用极限平衡原理推导加筋地基承载力公式且与模型试验结果比较有很好的适用性。黄仙枝[2]根据土工带加筋地基室内、室外试验结果，分析了不同加筋参数对加筋地基性能的影响，并提出土工带加筋地基承载力计算的实用公式。张石磊[3]通过对 H-V 加筋路堤的室内模型试验、颗粒流细观模拟及理论分析研究了 H-V 加筋路堤的承载力特性及机理。侯娟[4]通过对 H-V 加筋地基室内模型试验、基于非连续性介质颗粒流数值模拟及理论分析，对 H-V 加筋地基承载力、加筋效果及加筋机理方面进行系统研究。董彦莉[5]通过室内模型试验研究三角形格栅加筋砂土的承载力特性。用有限元方法分析了三角土工格栅在不同方向的拉力作用下的拉伸性能。易朋莹[6]通过室内模型试验、理论研究和数值分析系统研究了加筋地基应力变化规律，建立了加筋地基增量承载力的设计方法。蒋洋[7]采用极限平衡法和极限分析法理论，结合离心模型试验对条形基础下临坡及斜坡地基的破坏形态、极限承载力及影响因素进行深入而系统的分析。胡卫东[8]采用特制地槽内填筑土石混填临坡地基进行条形基础地基模型的竖向静载试验研究，并采用 Abaqus 软件对临坡地基的破坏模式和极限承载力进行数值仿真分析，研究了临坡地基的滑动变形形态、土压力分布特征及破坏模式及极限承载力。Jean[9]在加筋结构承载力试验的基础上，探讨砂垫层地基因添加水平铝箔加筋产生的地基承载力的提高、地基变形的改善效果，试验结果表明，加筋作用能将地基承载力提高 3~5 倍。Adams[10]通过土工格栅加筋土的载荷试验，认为加筋后地基承载力与未加筋地基相比提高 2.5 倍。Lee[11]认为土工格栅加筋可提高地基承载力，减小地基沉降且最大承载比 BCR 的加筋最佳位置为 $0.5b$（基础宽度）。Askari[12-14]开展小比例的加筋边坡室内模型试验，结果表明加筋边坡的承载能力比未加筋的边坡承载能力大幅提升。

筋材的形式和布设方式，如加筋层数、加筋位置、筋材长度等对加筋地基承载力具有决定性的影响[15]。从总体上来看，加筋机理的研究和加筋效果评价不完善，加筋地基理论研究远落后于工程实践，特别是对于土工格栅的蠕变、老化对加筋地基承载特性的影响的研究鲜有报道。

本章以 2 种聚丙烯双向土工格栅为研究对象，选用标准干砂作为加筋地基填料，在大型土工槽内开展考虑土工格栅蠕变、老化、老化与蠕变耦合作用的加筋砂地基承载特

性试验,从是否加筋、格栅类型、蠕变应力水平、老化时长、同一老化时长下不同蠕变应力水平的老化与蠕变耦合作用等因素对土工格栅加筋砂土地基的承载力和地基中应力分布的影响进行分析。

6.2 室内模型试验设计

6.2.1 试验场地

加筋砂地基的承载力试验通常为现场试验和室内模型试验。现场试验环境更接近工程实际,但由于天气、温度、湿度、设备等因素的影响,现场试验研究的离散性和数据处理的难度大,费用投入较高。与现场试验相比,在室内开展模型试验时诸多环境、设备因素可控且经济性高,故成为众多学者的选择[16-18]。室内模型试验多在模型箱中开展,由于模型箱尺寸有限且边界刚度较大,会不可避免地产生边界效应、增大试验误差,影响试验结果的可靠性。

本章主要研究目的是土工格栅蠕变、老化作用对加筋砂地基承载特性的影响,为更接近现场试验的边界条件,避免环境因素产生的不良影响,土工格栅加筋砂土地基室内模型试验在某学校大型土工试验槽(9m×4m×3m)内开展。大型土工试验槽的四周采取防水处理,大型土工试验槽见图6-1。大型土工试验槽中回填天然级配砂土,作为垫层的下卧层。

图6-1 大型土工试验槽

6.2.2 试验系统

试验系统由地基土材料、液压伺服系统、测试元件和数据采集系统组成,室内模型试验系统如图6-2所示。

本试验通过油压千斤顶对加载板施加荷载,由荷载板传递竖向荷载到加筋砂土地基表面,以完成对地基的加载。为保证施加荷载的均匀性,加载板为厚25mm的正方形钢板,边长为200mm,具有较高的刚度且在加载过程中不会发生挠曲变形。

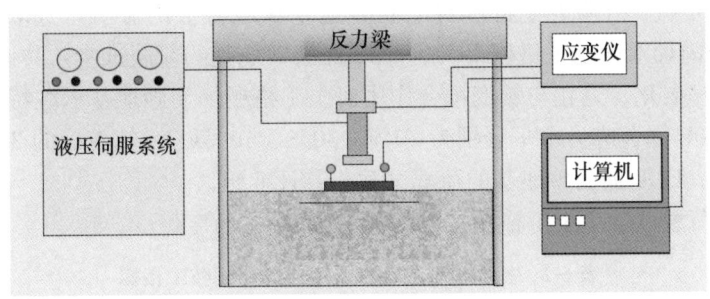

图 6-2 室内模型试验系统

当竖向加载时,采用的液压高精度推力千斤顶的最大量程为 100kN,千斤顶的顶部设置压力传感器,可实现荷载和应变的转化。通过成都市伺服液压设备有限公司生产的高精度静态液压伺服台进行加载(图 6-3)。荷载等级通过压力传感器相连的静态电阻应变仪(图 6-4)控制。静态电阻应变仪的基本参数如表 6-1 所示。

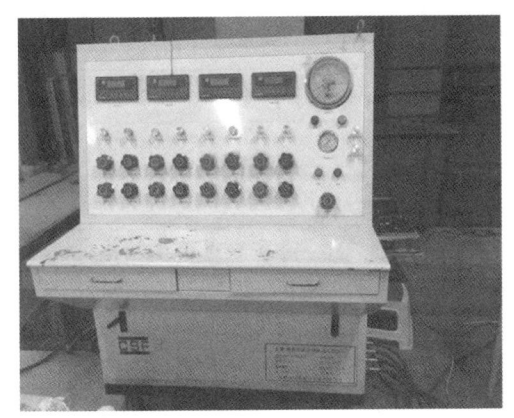

图 6-3 高精度静态液压伺服台

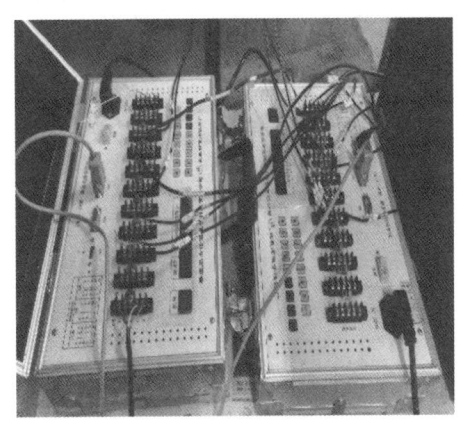

图 6-4 静态电阻应变仪

表 6-1 静态电阻应变仪的基本参数

名称	生产厂家	测量范围	平衡方式	精度	零点漂移	温度漂移
CM-1L-10 型静态电阻应变仪	秦皇岛市信恒电子科技有限公司	$(0\pm25000)\mu\varepsilon$	自动	$2\mu\varepsilon$	$\leqslant 3\mu\varepsilon/4h$	$\leqslant 1\mu\varepsilon/℃$

6.2.3 试验材料

6.2.3.1 加筋材料

考虑蠕变、老化及老化蠕变耦合作用影响的土工格栅加筋砂土地基承载特性试验研究共开展室内模型试验 15 组,室内模型试验选用的工况如下:

(1) 为进行对比,首先进行标准砂地基的载荷试验 1 组。

(2) 为研究土工格栅的蠕变特性对加筋砂地基承载特性的影响,开展未蠕变与应力等级为 40%UTS 下蠕变 1000h 的 2 种聚丙烯双向土工格栅 BG1、BG2 加筋砂地基的荷载试验,共计 4 组。

(3) 为探析土工格栅老化特性对加筋砂地基承载特性的影响，选取老化后 500h、600h 的 2 种聚丙烯双向土工格栅 BG1、BG2 加筋砂地基的荷载试验，共计 4 组。

(4) 为了解老化、老化与蠕变耦合作用对土工格栅加筋砂地基承载特性的影响，开展光氧老化 500h 耦合应力水平分别为 20％、30％、40％UTS 蠕变后的 2 种聚丙烯双向土工格栅 BG1、BG2 加筋砂地基的荷载试验，共计 6 组。

室内模型荷载试验中土工格栅技术指标如表 6-2 所示。

表 6-2　室内模型荷载试验中土工格栅技术指标

序号	格栅试样编号	产品规格	蠕变程度	老化程度
1	未加筋	—	—	—
2	CR1-1	BG1	—	—
3	CR1-4	BG1	40％UTS	—
4	CR2-1	BG2	—	—
5	CR2-4	BG2	40％UTS	—
6	AG1-1	BG1	—	老化 500h
7	AG1-2	BG1	—	老化 600h
8	AG2-1	BG2	—	老化 500h
9	AG2-2	BG2	—	老化 600h
10	AG&CR1-1	BG1	20％UTS	老化 500h
11	AG&CR1-2	BG1	30％UTS	老化 500h
12	AG&CR1-3	BG1	40％UTS	老化 500h
13	AG&CR2-1	BG2	20％UTS	老化 500h
14	AG&CR2-2	BG2	30％UTS	老化 500h
15	AG&CR2-3	BG2	40％UTS	老化 500h

6.2.3.2　填料

(1) 下卧层采用天然级配河砂

本试验用砂量大，受试验场地条件所限，试验下卧层土就近采用本地河砂。试验前砂土过筛，去除大颗粒及杂质。钢筋混凝土土工槽（9m×4m×3m）中，铺砂总厚度为 2.4m，分层铺设夯实，每层不超过 300mm，满夯 3 遍，保证每层砂土具有相同的密实度。依据《土工试验方法标准》（GB/T 50123—2019）[19]，开展室内试验测得下卧层砂的基本力学性能指标如表 6-3 所示。通过对砂土开展颗粒级配试验可知，下卧层砂的级配良好，根据《岩土工程勘察规范》（GB 50021—2001）（2009 年版）[20]，其属于粗砂。采用改进的半自动 $N_{63.5}$ 重型圆锥动力触探设备，进行圆锥动力触探试验测试砂土的密实度。根据《工程地质手册》中锤击数与砂土密实度关系表，可知砂土为中密状态。

表 6-3　下卧层砂的基本力学性能指标

重度 γ/（kN/m²）	土粒相对密度 d_s	不均匀系数 c_u	曲率系数 c_c	内摩擦角 φ/（°）
18.3	2.69	5.56	1.13	32

（2）加筋地基用砂

因本项目的主要目的是研究蠕变、老化等作用对加筋土地基承载特性的影响，故选用标准干砂作为加筋地基填料，减少地基材料离散性对试验结果的影响。筛分试验得到该标准砂的颗粒级配（表 6-4），有效粒径 $d_{10}=0.279$mm，中值粒径 $d_{30}=0.408$mm，界限粒径 $d_{60}=0.588$mm，不均匀系数 $C_u=2.108$，$C_c=1.105$。

表 6-4　标准砂颗粒级配组成

粒径/mm	0.05～0.075	＞0.075～0.25	＞0.25～0.5	＞0.5～2.0
组成/%	4.2	2.2	39.0	54.6

6.2.4　室内模型试验方案

依据《岩土工程勘察规范》（GB 50021—2001，2009 年版）[20]中对浅层平板载荷试验的试坑宽度、直径的要求，本试验中开挖设计尺寸为 600mm×600mm×600mm 的换填试坑。将标准干砂分层铺入土坑中，通过击实恒定质量的砂土至设定高度来保证每组每层相对密实度一致。以 70% 的相对密实度计算每层所需要的标准干砂的质量，将其铺入土坑中击实至厚度为每层 50mm。

加载板尺寸为 200mm×200mm×25mm。根据前期学者[16,21]的研究结果，土工格栅的铺设位置在加载板下 B/3（B 为加载板宽度）时加筋效果最好，土工格栅铺设在加载板下 70mm 深处，用"U"形钉固定。

每加载 1kN 的荷载，间隔 15min 可读一次百分表的示数。为分析地基中的土压力分布情况，在标准砂地基中布设土压力盒。土压力盒在平面及纵向的布置如图 6-5 所示。

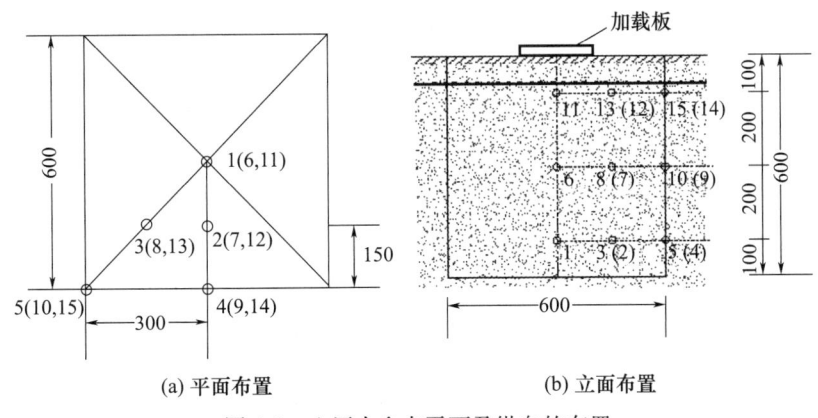

图 6-5　土压力盒在平面及纵向的布置

6.2.5　室内模型试验步骤

（1）基坑开挖及填砂

为防止基坑开挖过程中周围砂土坍塌，故采用简单支护，使用 4 块方木板围在四周,每开挖一截,将木板往下延伸相同的距离,直至开挖到要求的深度。

在填砂过程中严格限制层数及每层的填砂量。在填砂结束后,应保证表面水平,使用尺式水平仪对砂土表面的平整度进行测量,以保证水平仪中间的气泡位于中心。

(2) 沉降标的布置

为防止基坑底部沉降对试验沉降数据的准确性造成影响,设置沉降标监测基坑底部在试验过程中的沉降。

(3) 土压力盒的布设

试验中共使用15个土压力盒,分3层布置。

(4) 土工格栅的布置

利用铅垂线进行定位,找到千斤顶的中心对应的砂层的中心,将剪裁好的土工格栅埋在加载板正下方70mm处,使用"U"形钉固定。

(5) 加载板和千斤顶的布置

利用铅垂线定位加载板,应放置于标准砂土地基的中心,并在加载板的正上方放置压力传感器,将压力传感器的中心与加载板的中心对齐,安放油压千斤顶(图6-6)。

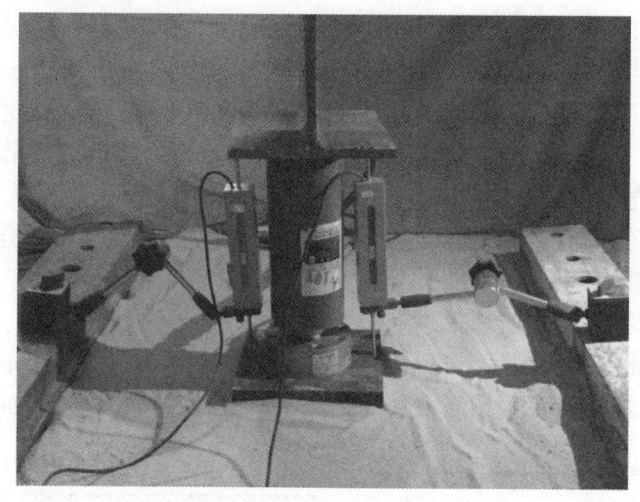

图6-6 布置千斤顶

(6) 位移计的布置

将位移计固定在磁力表座上,2个位移计底端接触加载板边部中点。每级加载后的沉降量取2个位移计示数的平均值。

(7) 仪器的调试

在试验前进行仪器的调试,以保证采集数据的准确性,主要为静态电阻应变仪的调试。

(8) 千斤顶加载

根据《建筑地基基础设计规范》(GB 50007—2011)[22]确定加荷时每级荷载的增量,每级加载增量为1kN,将破坏前的一级荷载定为此组试验的极限承载力。每加载1kN的力,间隔15min可读一次百分表的示数。当连续2h内,每1h的沉降量小于0.01mm时,即可认为此级沉降趋于稳定,再加下一级荷载。

(9) 当实验室每组试验结束后,去掉外部设备,挖出填土和筋材,重复上述步骤进行下一组试验。

6.2.6 地基破坏的标准

当室内模型试验满足下列情况之一时,终止加载,对应的前一级荷载即极限荷载[23]:

(1) 加载板周围的砂土有明显的侧向挤出;
(2) 荷载-沉降曲线出现陡降;
(3) 加载板在某一级荷载作用下沉降不能达到稳定;
(4) 沉降量与加载板宽度的比值≥0.06时。

6.3 考虑蠕变影响的室内模型试验结果与分析

6.3.1 抗拉强度对地基承载力的影响

未加筋砂地基与2种格栅加筋砂地基的荷载沉降曲线如图6-7所示。由图6-7可知,加筋砂地基的荷载沉降曲线均为陡降型,有明显的陡降段。与未加筋砂地基相比,同一荷载作用下加筋砂地基的沉降值减小、地基承载力增大;BG2加筋砂地基的沉降值小于BG1加筋砂地基的沉降值。土工格栅的加入提高地基的承载力,但加荷初期加筋效果不明显。加筋砂地基和未加筋砂地基早期的荷载-沉降曲线几乎重合(在荷载小于100kPa时);随着荷载的增加,土工格栅的加筋作用逐渐显现。加筋前后荷载-沉降曲线的差距逐渐增加;当荷载进一步提高(荷载≥200kPa),2种筋材加筋砂地基的荷载-沉降曲线出现差距且差距随荷载提高而加大。

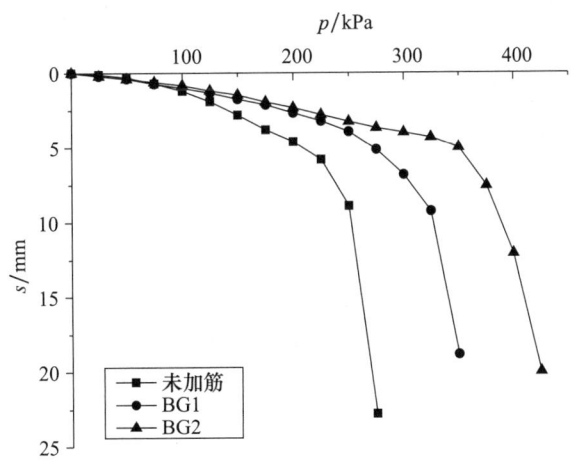

图6-7 未加筋砂地基与2种格栅加筋砂地基的荷载沉降曲线

土工格栅加筋前后的地基极限承载力和承载比BCR如表6-5所示。由表6-5可知,未加筋砂土、BG1、BG2土工格栅加筋地基的极限承载力分别为250kPa、325kPa、400kPa;BG1、BG2土工格栅加筋地基的承载比BCR分别为1.3、1.6。

BG2土工格栅加筋地基的极限承载力和BCR较BG1土工格栅高,一方面与土工格栅的极限抗拉强度有关，另一方面与土工格栅的网格尺寸和节点及肋条厚度有关。BG2土工格栅的极限抗拉强度较BG1高，网格尺寸较BG1格栅小且节点厚度较BG1格栅大。这些因素都增大了加筋地基的极限承载力。

表6-5　土工格栅加筋前后的地基极限承载力和承载比BCR

组别	极限承载力/kPa	承载比BCR
未加筋	250	1.0
BG1	325	1.3
BG2	400	1.6

通过室内模型试验，得出荷载-沉降关系曲线。从曲线可知，在砂土地基中加入聚丙烯双向土工格栅可显著提高地基承载力，减小地基沉降量。土工格栅附近的地基土构成复合加固区，约束了土体的侧向相对移动，使地基的整体稳定性增强。加筋作用使砂土地基的应力扩散角增大，让土中应力分布更均匀。

试验结果表明，土工格栅对地基的加筋作用在荷载达到一定值时，土工格栅发生变形时才得以发挥。土工格栅的拉伸强度和弹性模量应与界面强度相匹配。在砂土中加入土工格栅能有效地减少地基沉降量。通过对比模型试验的结果可知，加筋作用能使基础底面的沉降量减少30%～50%。极限抗拉强度较高、网格尺寸较小、节点和肋条厚度较大的土工格栅加筋土地基极限承载力较大。

通过试验前后对比土工格栅的变形发现，土工格栅的纵向尺寸变形很小，却发生较大的挠曲，与土工格栅蠕变过程中的变形相较可认为土工格栅的实际受力很小，其张力未能得到充分发挥。

土工格栅对地基加固的机理是由于土工格栅与砂土的刚度不同，在竖向荷载作用下两者的变形不同，会在界面上产生相对位移，进而土工格栅与土的界面产生剪应力，使竖向位移场发生改变。剪应力产生的隆起抵消了附加荷载引起的沉降，因此地基沉降减小。土工格栅的加筋作用在荷载的一定范围内较明显，只要大于这一荷载范围，土工格栅便可减小沉降。由于筋材的变形模量明显减小，所以对地基沉降减小的能力减弱。

土工格栅与散粒状态的砂土共同形成整体，土工格栅测量的摩擦作用和剪应力增强，约束了土体的侧向变形，提高承载力，减小地基沉降。在加载初期荷载较小时，土工格栅的强度和刚度未发挥作用，增强效果不明显，对地基沉降影响不大。随着荷载增加，与纯砂地基相比，加筋地基的应力扩散效果增强，从而降低地基的总体沉降。

6.3.2　蠕变作用对加筋砂地基承载力的影响

土工格栅蠕变前后加筋砂地基 p-s 曲线如图6-8所示。图6-8（a）为BG1格栅的试验结果，当荷载小于175kPa时，蠕变后的土工格栅加筋砂地基的荷载-沉降曲线与未蠕变的土工格栅加筋砂地基的荷载-沉降曲线极为相近。随着荷载的进一步增加，2条荷载-沉降曲线开始分离。在相同的荷载作用下，蠕变后的BG1加筋砂地基的沉降略小于未蠕变的 BG1 加筋砂地基的沉降。土工格栅蠕变对加筋砂地基承载特性的影响，随沉降量的增大而逐渐表现出来，但总体而言影响不明显。

图 6-8（b）为 BG2 格栅的试验结果，与 BG1 格栅具有类似的表现。当荷载小于 250kPa 时，蠕变后的土工格栅加筋砂地基的荷载-沉降曲线与未蠕变的土工格栅加筋砂地基的荷载-沉降曲线相近。随着荷载的进一步增加，2 条荷载-沉降曲线开始分离。在相同的荷载作用下，蠕变后的 BG2 加筋砂地基的沉降略小于未蠕变的 BG2 加筋砂地基的沉降。土工格栅蠕变对加筋砂地基承载特性的影响，随沉降量的增大而逐渐表现出来，但总体影响不明显。

在加载初期，土工格栅的蠕变效应对加筋砂地基的承载力影响不大，存在蠕变影响的初始荷载。当荷载超过初始荷载后，土工格栅蠕变效应的影响开始体现。对于 BG1 土工格栅，初始载荷为 175kPa，BG2 土工格栅的初始载荷为 275kPa，比 BG1 土工格栅的初始载荷大。这进一步表明极限抗拉强度较高的 BG2 的蠕变影响小于极限抗拉强度较低的 BG1 的蠕变影响（表 6-6）。

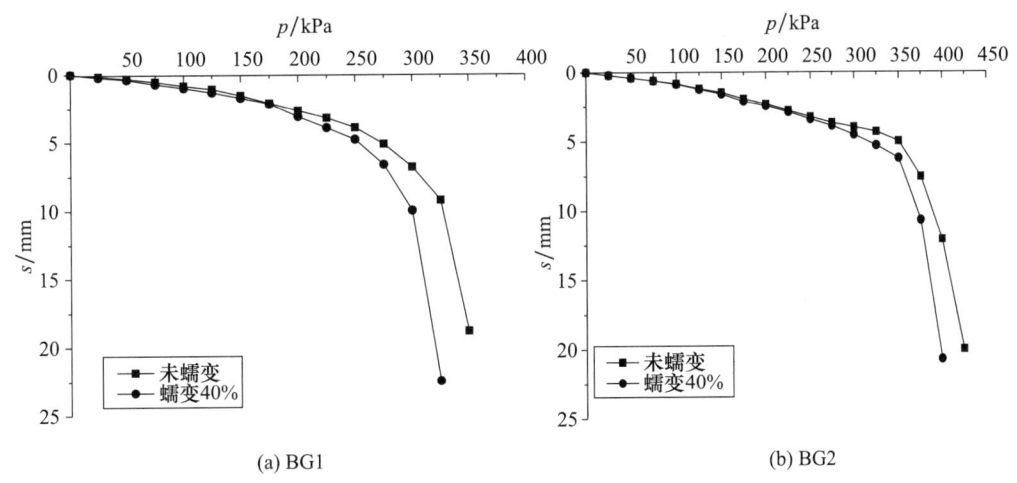

(a) BG1　　　　　　　　　　　　(b) BG2

图 6-8　土工格栅蠕变前后加筋砂地基 p-s 曲线

表 6-6　考虑蠕变作用影响的土工格栅加筋砂地基的极限承载力和承载比 BCR

格栅类型	蠕变应力水平	极限承载力/kPa	承载比 BCR
未加筋	—	250	1.00
BG1	0	325	1.30
BG1	40%UTS	300	1.20
BG2	0	400	1.60
BG2	40%UTS	383	1.53

6.3.3　蠕变作用对加筋砂地基附加应力的影响

蠕变特性对 BG1 加筋砂地基中土压力分布的影响如图 6-9 所示。在图 6-9（a）中，当 $p=125$kPa，$z=100$mm 时，地基中的附加压力分布，附加压力分布均表现为加载板中心点下的附加应力最大，随离开中心点的距离增加，附加压力减小，呈抛物线分布。

在 BG1 蠕变 40%点以下的加筋砂地基中心点以下的土压力比非蠕变 BG1 加筋地基高 11%。在图 6-9（b）中，当 $p=125\text{kPa}$ 和 $z=300\text{mm}$ 时，40%UTS 加筋地基的中心土压力与纯砂地基基本相同，基础中心土压力略大于纯砂地基，土压力小于纯砂土地基。与无蠕变 BG1 相比，其分布规律与纯砂地基相似。在图 6-9（c）中，当 $p=125\text{kPa}$，$z=500\text{mm}$ 时，BG1 蠕变 40UTS 加筋地基的土压力分布呈现中心点较大、两侧逐渐减小的缓和阶梯状分布，中心点与纯砂和非蠕变基本一致。远离中心点的土压力略低于非蠕变 BG1，略高于纯砂地基。

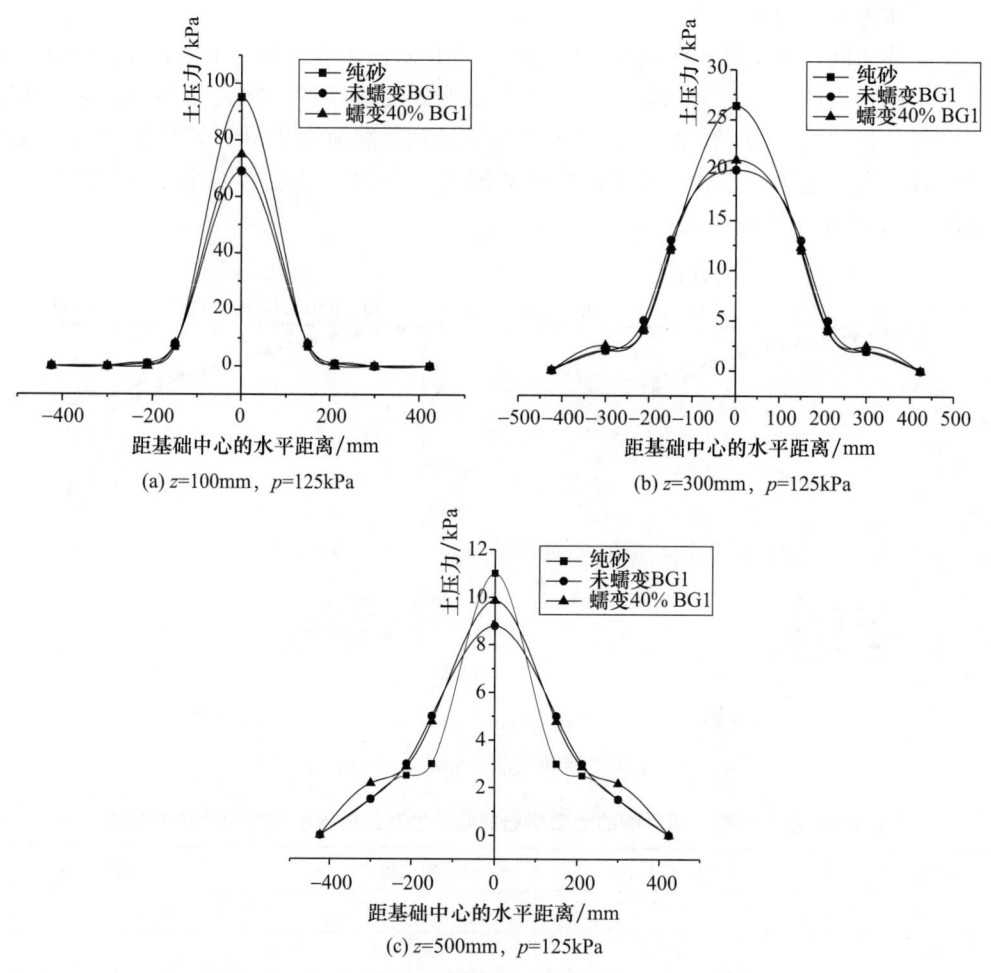

图 6-9 蠕变特性对 BG1 加筋砂地基中土压力分布的影响

蠕变特性对 BG2 加筋砂地基中土压力分布的影响如图 6-10 所示。在图 6-10（a）中，当 $p=125\text{kPa}$，$z=100\text{mm}$ 时，BG2 蠕变的 40%UTS 加筋地基的附加应力分布模式与纯砂地基的附加应力分布模式相似，呈现中心点最大、两侧均减小的抛物线分布。BG2 蠕变地基中 40%UTS 加筋地基中心点以下 100mm 处的土压力高于非蠕变加筋层。

分析土工格栅加筋地基中线各点的附加应力可知，随着距基底的距离增大，竖向附加应力逐渐减小，加入格栅层的附加应力比无格栅的情况减小 15%～30%，蠕变产生的影响使应变值较未蠕变减小得较少。但蠕变作用的影响对附加应力的作用不显著。通过比较可发现蠕变土工格栅较未蠕变的附加应力分布相对较集中。

纯砂地基的应力集中程度比设置土工格栅加筋的地基明显。在相同位置的应力值大于加筋地基中的附加应力值。土工格栅蠕变作用使加筋效果减弱。

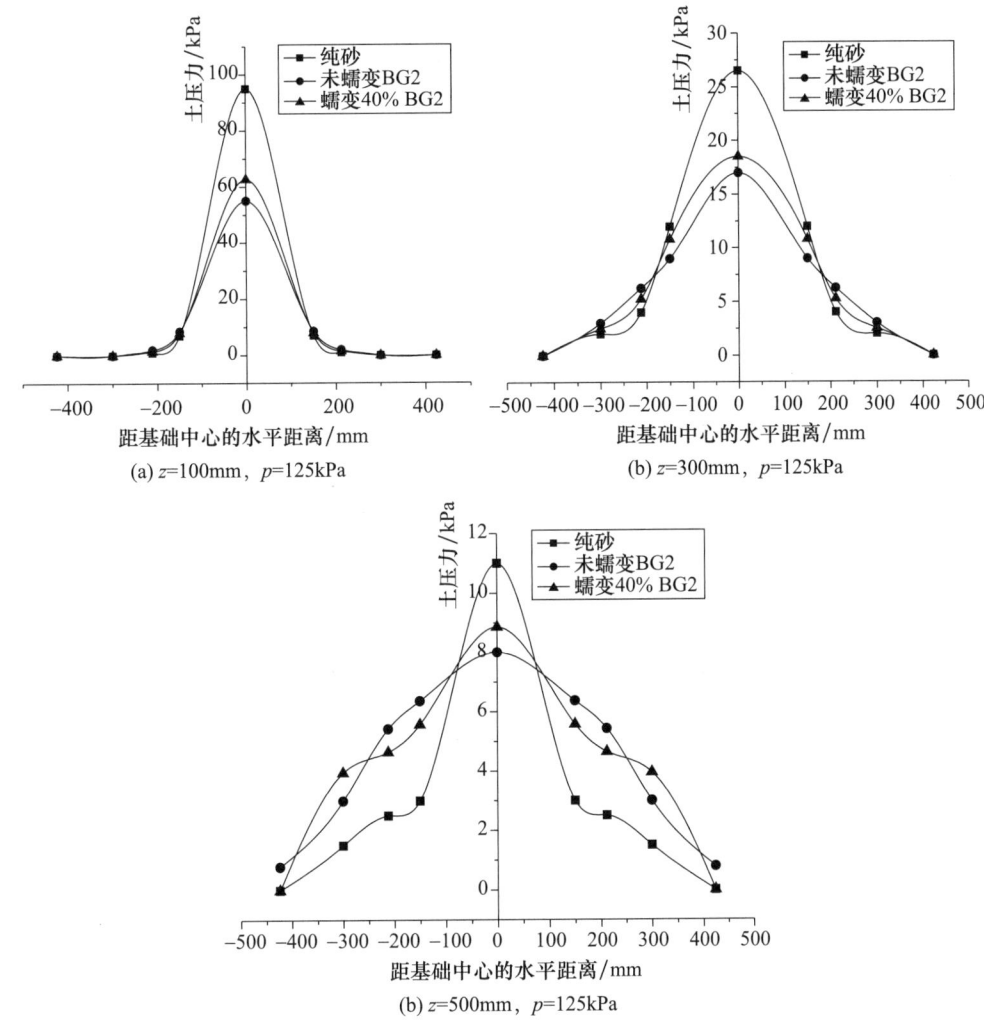

图 6-10 蠕变特性对 BG2 加筋砂地基中土压力分布的影响

6.3.4 蠕变作用对加筋砂地基承载特性影响机理分析

土工格栅与土界面的摩阻力主要由 3 个部分组成：纵肋条与土的摩擦力、横肋条与土的摩擦力，横肋条与土的咬合力。土工格栅的蠕变作用成为影响土工格栅长期使用的重要性能。土工格栅的蠕变作用造成土工格栅网格面积增大、纵肋和节点变薄。土工格栅的咬合作用越下降，蠕变等级越高。土工格栅网格尺寸变化越大，肋条和节点变薄的程度越大。土工格栅对周围砂土的约束作用下降，从而产生地基承载力的下降。

从载荷试验中可知，当荷载不大时，通过砂土传给土工格栅的力较小，蠕变引起的加筋砂地基沉降的影响尚未体现；随着竖向荷载的逐渐增大，通过砂土传给土工格栅的力逐渐增大；当荷载增加到一定值时，蠕变引起加筋地基的沉降变化显现，此时的荷载值可称为"蠕变影响初始荷载"。

同为聚丙烯双向土工格栅的 BG1、BG2，具有不同的蠕变影响初始荷载。极限抗拉强度较低的 BG1 土工格栅的蠕变影响初始荷载小于极限抗拉强度较高的 BG2 土工格栅。这方面与土工格栅的抗拉强度和断裂伸长率有关，另一方面与土工格栅的外形尺寸有关。BG1 土工格栅的网格尺寸略大于 BG2 土工格栅，这也可能是土工格栅蠕变对加筋砂地基承载力较明显的原因之一。

6.4 考虑老化影响的室内模型试验结果与分析

6.4.1 老化作用对加筋地基承载力的影响

地基的荷载沉降曲线是根据各级荷载下的室内模型试验得到的（图 6-11）。与未加筋砂地基相比，同一荷载作用下的加筋砂地基沉降值降低，地基承载力提高；加载早期加筋地基和未加筋砂地基的荷载沉降曲线差别较小。结果表明，随着荷载等级的增大，加筋效果不明显，纯砂、BG1 加筋砂和 BG2 加筋砂的加筋沉降曲线间距逐渐增大，加筋效果越来越明显。

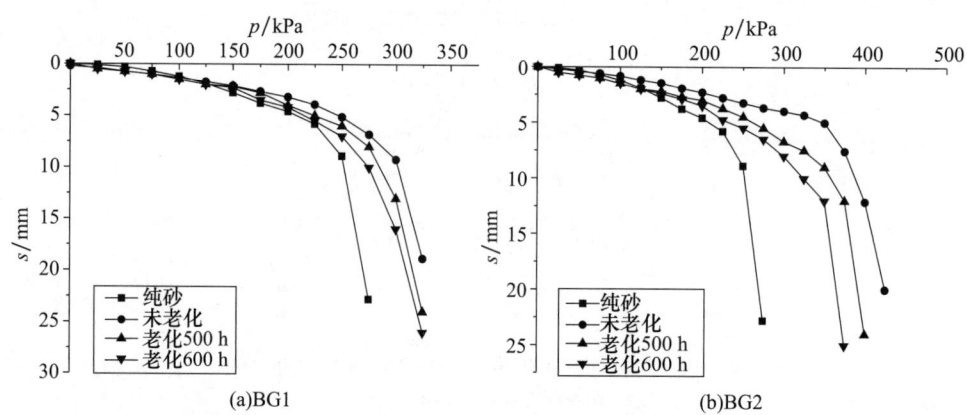

图 6-11　考虑老化作用的土工格栅加筋砂土的 $p\text{-}s$ 曲线

考虑老化作用的土工格栅加筋砂土的 $p\text{-}s$ 曲线如图 6-11 所示。当荷载为 125kPa 时，老化土工格栅加筋地基的 $p\text{-}s$ 曲线与未老化土工格栅加筋地基的 $p\text{-}s$ 曲线基本一致。随着荷载等级的增加，$p\text{-}s$ 曲线逐渐分离，在相同的荷载等级下 BG1 土工格栅老化试样的砂地基沉降比非老化加筋砂地基的沉降大。老化土工格栅加筋地基的承载力总体上略低于非老化加筋地基。在接近地基极限承载力时，逐渐反映土工格栅老化作用对承载力的影响。

土工格栅在加载初期的老化效应对加固土承载力的影响微乎其微。当加载等级超过老化作用的初始荷载时，会出现老化作用对地基沉降的影响。对于 BG1 土工格栅，老化初始影响荷载为 125kPa，BG2 土工格栅的初始老化荷载为 175kPa，比 BG1 土工格栅大（图 6-11）。抗拉强度较高的 BG2 对加筋砂地基承载力的老化影响小于抗拉强度较低的 BG1 土工格栅。

老化土工格栅加筋砂地基的极限承载力和承载比 BCR 如表 6-7 所示。土工加筋地基的承载力随老化时间的增长而降低。对 BG1 来说，经过 500h 和 600h 老化后，地基的承载力分别下降 9.23% 和 10.77%。BG2 土工格栅老化时长为 500h 和 600h 的加筋砂地基地基承载力分别比未老化情况下降 6.25% 和 12.5%。由表 6-7 可知，土工格栅的老化效应导致土工格栅强度及性能的下降，从而降低土工格栅加筋地基的承载力。对于不同类型的土工格栅，由于老化导致的 BCR 下降程度不同，与强度较低的 BG1 相比，强度较高的 BG2 导致的 BCR 下降程度低。

表 6-7 老化土工格栅加筋砂地基的极限承载力和承载比 BCR

组别	老化时间/h	极限承载力/kPa	承载比 BCR	老化引起的承载比下降百分比
未加筋	—	250	1.00	—
BG1	0	325	1.30	—
BG1	500	295	1.18	9.23%
BG1	600	290	1.16	10.77%
BG2	0	400	1.60	—
BG2	500	375	1.50	6.25%
BG2	600	350	1.40	12.5%

6.4.2 老化作用对加筋地基附加应力的影响

土工格栅老化作用对 BG1、BG2 加筋砂地基中土压力分布的影响如图 6-12、图 6-13 所示。地基中每层中心的土压力最大，随着到加载板中心点水平距离的增大，土压力逐渐减小；随着到加载板中心的竖向距离的增大，土压力减小；砂土地基中加筋后使地基中的应力变化，在同一点处，加土工格栅地基的土压力小于纯砂地基的土压力，土工格栅强度越大、老化作用程度越低，对应同一点处土压力越小。

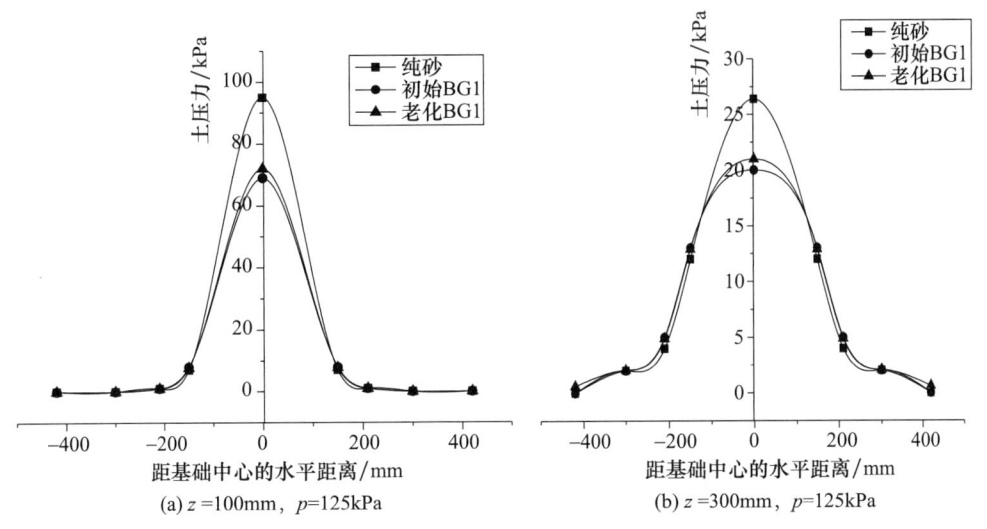

(a) $z=100\text{mm}$, $p=125\text{kPa}$

(b) $z=300\text{mm}$, $p=125\text{kPa}$

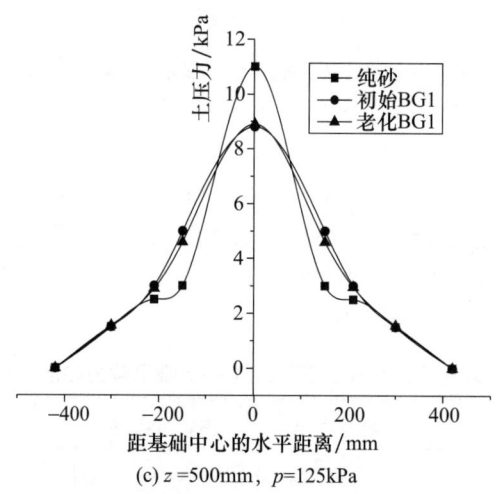

(c) $z=500$mm, $p=125$kPa

图 6-12　老化作用对 BG1 加筋砂地基中土压力分布的影响

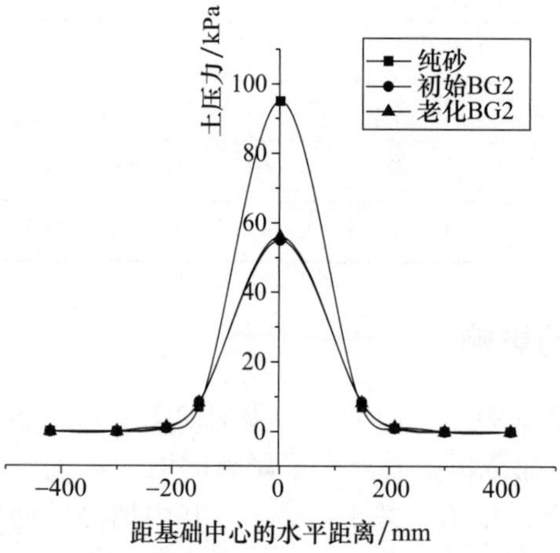

(a) $z=100$mm, $p=125$kPa

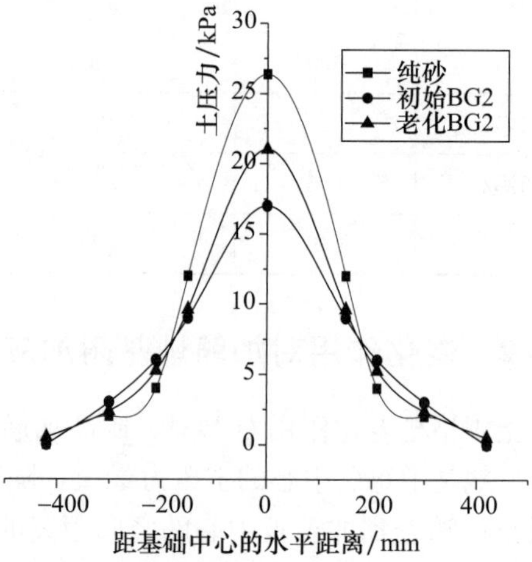

(b) $z=300$mm, $p=125$kPa

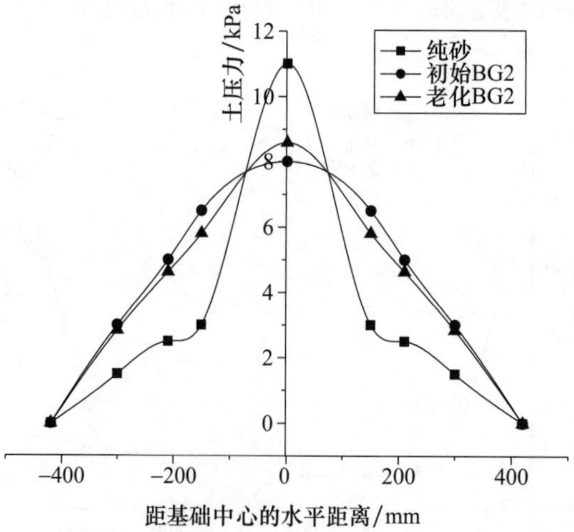

(c) $z=500$mm, $p=125$kPa

图 6-13　老化作用对 BG2 加筋砂地基中土压力分布的影响

6.4.3 老化作用对加筋砂地基承载特性影响机理分析

试验研究表明，老化作用会对土工格栅加筋砂地基的承载特性产生影响。在老化试验前后，土工格栅的表面形状没有大的变化，但不同的老化时间会使土工格栅的抗拉强度和断裂伸长率发生不同的变化。土工格栅的光氧老化作用使土工格栅的抗拉强度及断裂伸长率均下降。

土工格栅随着拉力的应变能力降低而表现脆性。在加筋地基承载力试验过程中，由于土工格栅老化作用的影响，加筋砂地基承载力下降。试验数据分析表明，土工格栅光氧老化时间越长，对加筋砂地基承载力降低越多。主要原因是土工格栅的光氧老化作用影响土工格栅的变形性能，降低土工格栅的力学性能（如抗拉强度、断裂伸长率），从而造成加筋砂地基承载力的下降。

同为聚丙烯双向土工格栅，BG1、BG2 土工格栅的在老化后的加筋砂地基承载力变化规律不同。抗拉强度较低的 BG1 土工格栅老化后的加筋砂地基承载力降低较抗拉强度较高的 BG2 土工格栅加筋砂地基高。BG1 土工格栅较 BG2 土工格栅的肋条和节点均略薄，相应的抗紫外线老化剂炭黑的涂层也略薄。在光氧老化作用下，BG1 的抗拉强度、断裂伸长率和变形性能都降低更多，从而造成老化，对加筋地基承载力产生影响。

6.5 老化、蠕变耦合作用对土工格栅加筋砂地基承载特性的影响

考虑老化、蠕变耦合作用对土工格栅加筋砂地基承载特性影响的室内模型试验共开展 6 组，利用氙灯耐气候老化试验箱，针对 2 种聚丙烯双向土工格栅 BG1、BG2 开展氙灯加速老化试验，光照条件下暴露 8h，然后在无光条件下冷凝 4h，辐照强度设为 $600W/m^2$，氙灯加速老化时长为 500h；再将已老化的试样进行加载等级为 20%、30%、40% 条件下开展 1000h 蠕变试验；之后开展室内模型试验，分析土工格栅的老化、蠕变耦合作用对土工格栅加筋砂地基的承载特性的影响。

6.5.1 老化、蠕变耦合作用对加筋砂地基承载力的影响

考虑老化、蠕变耦合作用的土工格栅加筋砂土的 $p\text{-}s$ 曲线如图 6-14 所示。考虑老化、蠕变耦合作用的土工格栅加筋砂地基极限承载比 BCR 如表 6-8 所示。

试验结果表明，土工格栅的老化、蠕变耦合作用对同格栅加筋砂土的承载特性产生影响。

(1) BG1 土工格栅老化 500h 后，蠕变等级分别为 20%、30%、40%UTS 下，土工格栅加筋砂地基承载比分别降低 10.77%、12.30%、16.92%；

(2) BG2 土工格栅老化 500h 后，蠕变等级分别为 20%、30%、40%UTS 下，土工格栅加筋砂地基承载比分别降低 8.75%、12.50%、18.75%。

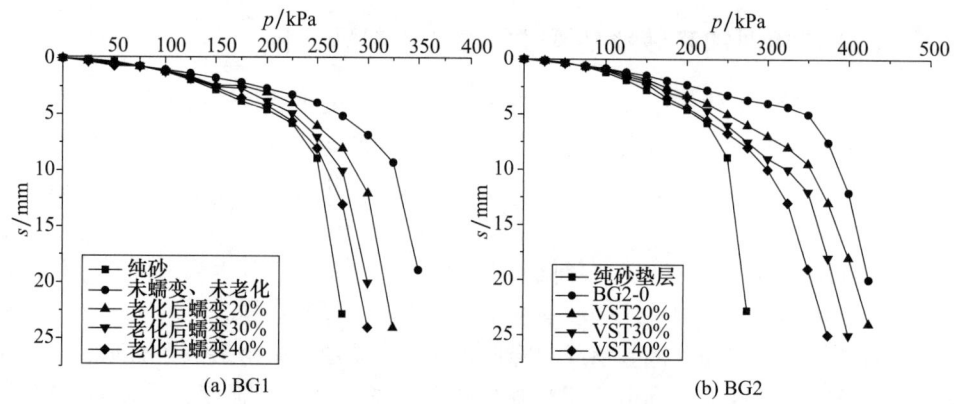

图 6-14 考虑老化、蠕变耦合作用的土工格栅加筋砂土的 p-s 曲线

表 6-8 考虑老化、蠕变耦合作用的土工格栅加筋砂地基极限承载比 BCR

组别	老化时间/h	蠕变加载等级	承载力/kPa	承载比 BCR	承载比因老化降低的百分率
未加筋	—	—	250	1.00	
BG1	—	—	325	1.30	
BG1	500	20%UTS	290	1.16	10.77%
BG1	500	30%UTS	285	1.13	12.30%
BG1	500	40%UTS	270	1.08	16.92%
BG2	—	—	400	1.60	
BG2	500	20%UTS	365	1.50	8.75%
BG2	500	30%UTS	350	1.30	12.50%
BG2	500	40%UTS	325	1.20	18.75%

6.5.2 老化、蠕变耦合作用对加筋砂地基附加应力的影响

老化、蠕变耦合作用对 BG1、BG2 土工格栅加筋砂地基土压力分布的影响如图 6-15、图 6-16 所示。与单纯老化、单纯蠕变的土工格栅相比，老化、蠕变耦合作用的土工格栅加筋地基的土压力分布在相同的老化时长条件下与蠕变等级有关。蠕变等级越高，老化、蠕变耦合作用的土压力分布曲线越接近纯砂的土压力分布曲线。

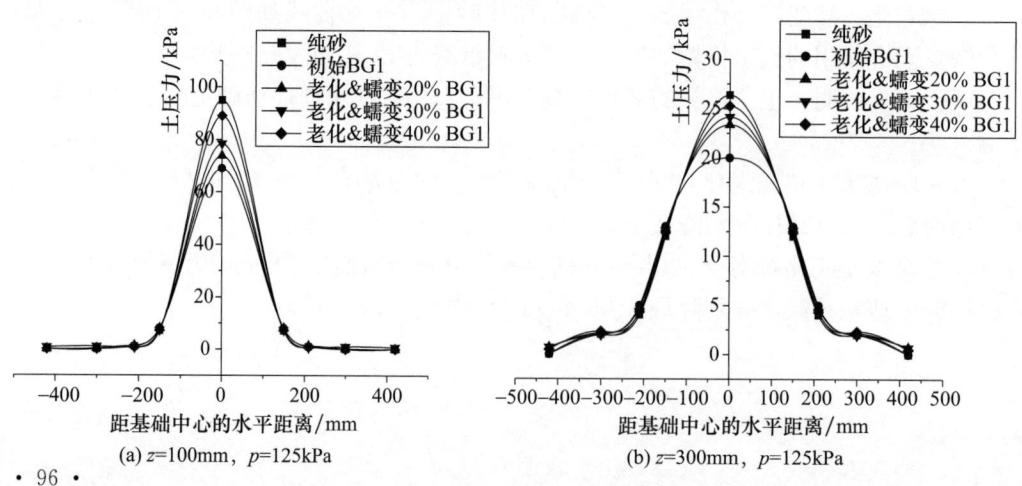

6 考虑蠕变、老化影响的土工格栅加筋砂地基承载特性

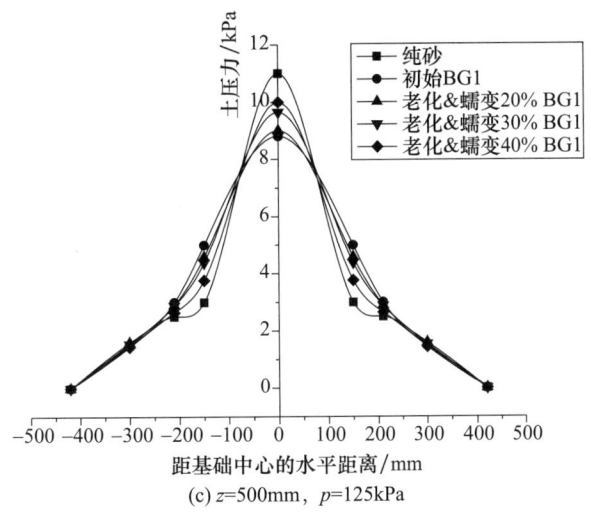

(c) $z=500$mm, $p=125$kPa

图 6-15 老化、蠕变耦合作用对 BG1 土工格栅加筋砂地基土压力分布的影响

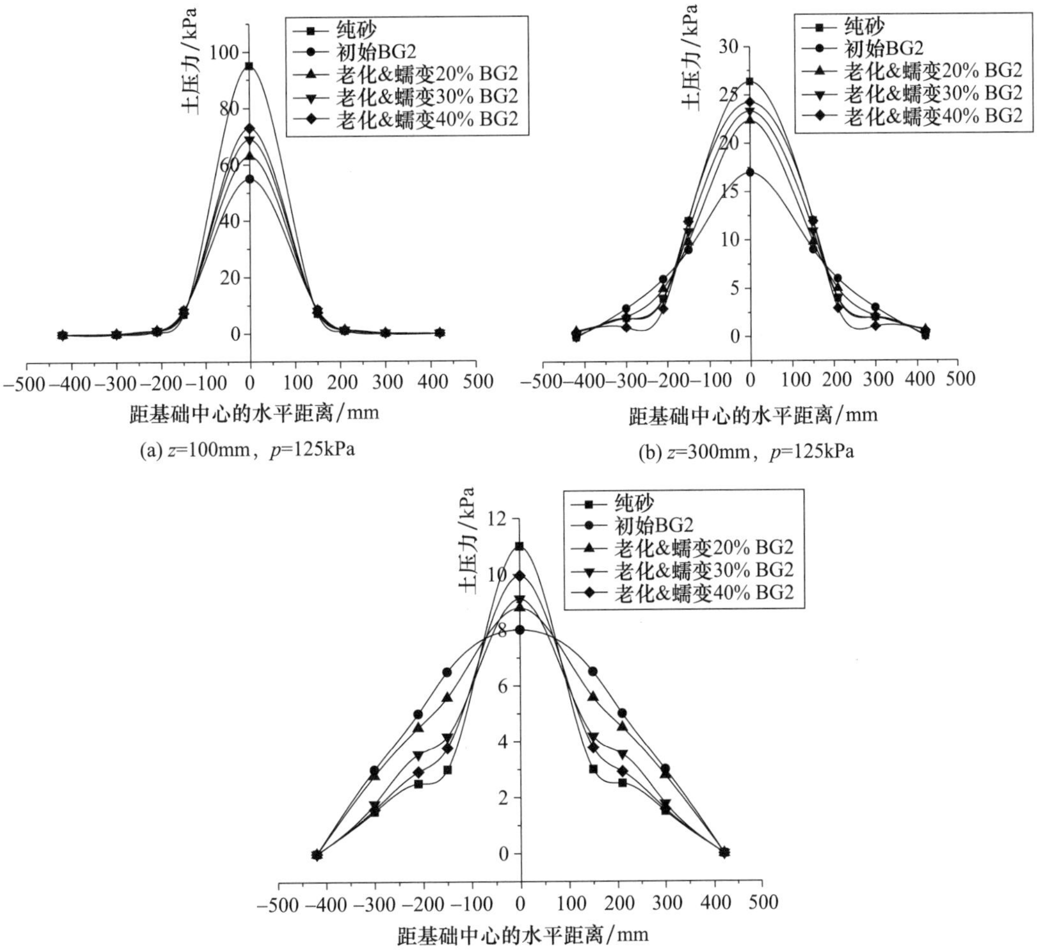

(a) $z=100$mm, $p=125$kPa

(b) $z=300$mm, $p=125$kPa

(c) $z=500$mm, $p=125$kPa

图 6-16 老化、蠕变耦合作用对 BG2 土工格栅加筋砂地基土压力分布的影响

6.6 土工格栅加筋砂地基加固机理分析

由于加筋砂地基中筋材的蠕变、老化特性及它们之间相互作用机理的复杂性，深入探讨蠕变、老化作用对加筋作用的影响，对于更深入地了解土工格栅在加筋砂地基中的长期作用、改进加筋砂地基的简化设计方法及指导工程实践都具有重要意义。对土工格栅加筋砂地基的加筋机理的分析是提出合理的设计方法的基础，而分析土工格栅蠕变、老化作用对加筋地基承载特性的影响机理是提出土工格栅加筋砂地基长期工作承载设计方法的基础。在考虑土工格栅长期工作性能影响的土工格栅加筋砂地基的加筋机理研究中，长期界面特性的研究具有重要意义。

6.6.1 蠕变作用对加筋砂地基加筋特性的影响

由于加筋作用主要是通过土工格栅与砂土直剪的界面对砂土的约束而发生的，界面上的摩阻力限制砂土的过大侧向位移，改变砂土的破坏模式，从而提高砂土的承载力。土工格栅在长期拉力作用下，产生蠕变变形，在摩阻力和咬合力2个方面产生下降，一方面，土工格栅在长期荷载作用下，网格尺寸增大，对砂土的侧向位移约束作用下降；另一方面，土工格栅在长期荷载作用下网格尺寸增大的同时，肋条由于拉伸产生厚度变小，对砂土的咬合力下降，从而导致蠕变作用下的土工格栅加筋砂地基似黏聚力的下降。不同应力水平下的土工格栅加筋砂地基的似黏聚力下降有差别；应力水平越高，似黏聚力蠕变影响系数越大，似黏聚力下降越多，承载力下降越多。蠕变作用改变了土工格栅加筋砂土的应力场和位移场，从而影响加筋砂地基的承载力。

从加筋机理分析可知，筋土界面产生2方面的影响，筋土界面本身的摩擦阻力对砂土的侧向变形产生约束作用，使土工格栅上下一定范围内土体的应力状态改变。蠕变作用不仅对筋土界面上土体的约束作用产生影响，同时对筋材上下一定范围内土体的应力状态产生影响。

学者包承纲提出，土工格栅加筋结构在受力之初，砂土的变形不大，此时摩擦力为主要组成部分，随着变形的增大，咬合力的作用逐渐显现，到达峰值时，格栅与砂土之间的咬合力达到80%以上，而摩擦力所占比例较小。蠕变作用对土工格栅的摩擦性能影响较小，而对咬合力的影响较大。

6.6.2 老化作用对加筋砂地基加筋特性的影响

通过人工加速老化试验结果可知，光氧老化作用对聚丙烯双向土工格栅的力学性能影响较大，对土工格栅的拉伸强度、断裂伸长率及弹性模量产生影响。土工格栅的抗拉强度、断裂伸长率随着光氧老化时长的增加而降低。在长期老化作用下，土工格栅变脆、变形能力下降、模量增加。

土工格栅加筋砂地基在长期荷载作用下，土工格栅的受力是一个由小变大的渐进过程。土工格栅的弹性模量越低、越容易拉长，这种渐进的过程越明显。土工格栅的模量与筋土界面特性的关系密切。老化作用降低了土工格栅的断裂伸长率，土工格栅的弹性模量随之提高，从而使土工格栅在长期荷载作用下伸长的能力降低，土工格栅的变形能力越下降,加筋作用发挥得越不明显,表明老化后土工格栅加筋地基的承载性能下降。

6.6.3 老化、蠕变耦合作用对加筋砂土地基加筋特性的影响

老化与蠕变作用的耦合格栅性能的影响土工格栅的力学性能,不仅使土工格栅的网格尺寸、肋条形状发生变化,同时降低了土工格栅的拉伸强度和弹性模量,比单一的土工格栅蠕变或老化的影响对界面特性的影响更明显。从第四章老化后的土工格栅蠕变试验结果可知,光氧老化作用对土工格栅的蠕变特性有较大的影响。在低应力水平下,光氧老化作用使土工格栅的稳态蠕变应变增大;在高应力水平下,光氧老化作用使土工格栅的稳态蠕变转化为加速蠕变。老化作用和蠕变作用的耦合同时改变土工格栅的网格尺寸、肋条厚度、弹性模量,使加筋砂地基的加筋性能下降比单一的蠕变、老化作用影响更明显。在同样的老化时长,不同应力水平下,老化与蠕变耦合作用对筋土界面特性的影响不同;蠕变应力水平越高,对界面特性的影响越明显。

土工合成材料种类多样,性能各异,以高分子材料为主要原料的塑料土工格栅有较为明显的蠕变特性和老化特性,土中的应力应变关系与无侧限条件下的形状有所不同。因此,土工合成材料的加筋结构设计尚未能完全依靠理论分析方法解决问题。

6.7 本章小结

本章通过在大型土工槽内开展的室内模型试验,考虑蠕变、老化、蠕变老化耦合作用对土工格栅加筋地基承载特性进行对比分析,主要结论如下:

(1) 土工格栅加筋能够提高地基承载力,减小地基沉降和水平侧移,承载力可提高10%~40%;地基沉降减小30%~50%;土工格栅的加入有效抑制砂土塑性带的发育。

(2) 通过对砂地基、未蠕变的土工格栅加筋砂地基和40%UTS蠕变的土工格栅加筋砂地基进行静载荷试验,对比土工格栅、土工格栅蠕变对砂地基在静载作用下的工作性状及稳定性的影响,分析蠕变特性对土工格栅加筋地基的破坏形态的影响。试验结果表明,土工格栅在加载初期的蠕变效应对加筋地基沉降影响不大。存在土工格栅承载力影响初始荷载。当荷载超过承载力影响初始荷载时,土工格栅开始出现蠕变效应。

(3) 利用氙灯耐气候老化试验箱对2种聚丙烯双向土工格栅开展光氧老化试验,选取2个辐照度为600W/m², 老化时长为700h的土工格栅老化试样为筋材;选用标准干砂作为加筋地基填料,在大型土工槽内开展室内模型试验,探讨土工格栅极限抗拉强度、格栅尺寸、老化程度等因素的影响。试验结果表明,老化时间越长,土工加筋地基的承载力随之降低7%~20%。

(4) 考虑老化、蠕变耦合作用对土工格栅加筋砂地基特性影响的室内模型试验共开展6组,利用氙灯耐气候老化试验箱,针对两种聚丙烯双向土工格栅BG1、BG2开展氙灯加速老化试验,光照条件下暴露8h,然后在无光条件下冷凝4h,辐照强度设为600W/m², 氙灯加速老化时长为500h;再将已老化的试样进行加载等级为20%、30%、40%条件下开展1000h蠕变试验;之后开展室内模型试验。与原土工格栅加筋砂土相比,土工格栅的老化、蠕变耦合作用对土工格栅加筋砂地基的承载特性的降低10%~20%,降低值与土工格栅类型、老化时长、蠕变应力水平有关。

6.8 参考文献

［1］王协群．土工合成材料加筋地基的极限平衡设计与加筋材料的研究［D］．武汉：武汉理工大学，2003.

［2］黄仙枝．土工带加筋碎石垫层地基的试验、应用及理论研究［D］．太原：太原理工大学，2005.

［3］张石磊．H-V 加筋路堤稳定性分析及机理研究［D］．上海：上海大学，2010.

［4］侯娟．条形浅基下 H-V 加筋地基的承载性能和加筋机理研究［D］．上海：上海大学，2010.

［5］董彦莉．土工格栅加筋砂土的特性研究及加筋垫层的承载力计算［D］．太原：太原理工大学，2011.

［6］易朋莹．加筋地基承载力增强机理与设计应用研究［D］．重庆：重庆大学，2013.

［7］蒋洋．条形基础下斜坡地基极限承载力及影响因素研究［D］．西安：长安大学，2015.

［8］胡卫东．临坡地基破坏模式及极限承载力确定方法研究［D］．长沙：湖南大学，2016.

［9］JEAN B，L. K L. Bearing capacity tests on reinforced earth slabs［J］. Journal of the Geotechnical Engineering Division，1975，101（12）：1241 1255.

［10］ADAMS M T，COLLIN J G. Large model spread footing load tests on geosynthetic reinforced soil foundations［J］. Journal of Geotechnical & Geoenvironmental Engineering，1997，123（1）：66-72.

［11］LEE K M，MANJUNATH V R. Experimental and numerical studies of geosynthetic-reinforced sand slopes loaded with a footing［J］. Canadian Geotechnical Journal，2000，37（4）：828-842.

［12］ASKARI F，FARZANEH O. Upper-bound solution for seismic bearing capacity of shallow foundations near slopes［J］. Geotechnique，2003，53（8）：697-702.

［13］YAMAMOTO K. Seismic bearing capacity of shallow foundations near slopes using the upper-bound method［J］. International Journal of Geotechnical Engineering，2013，4（2）：255-267.

［14］AUSILIO E. Seismic bearing capacity of strip footings located close to the crest of geosynthetic reinforced soil structures［J］. Geotechnical and Geological Engineering，2014，32（4）：885-899.

［15］周建，孔祥利，王孝存．加筋地基承载力特性及破坏模式的试验研究［J］．岩土工程学报，2008，30（9）：1265-1269.

［16］董彦莉．土工格栅加筋砂土的特性研究及加筋垫层的承载力计算［D］．太原：太原理工大学，2011.

［17］杨广庆，隋传毅．土工格栅与土体界面摩擦特性试验研究［J］．石家庄铁道大学学报，2010（02）．

［18］徐超，胡荣，贾斌．土工格栅加筋土地基平板载荷试验研究［J］．岩土力学．2013（9）：2515-2520.

［19］中华人民共和国住房和城乡建设部．土工试验方法标准：GB/T 50123—2019［S］．北京：中国计划出版社，2019.

［20］中华人民共和国建设部．岩土工程勘察规范：GB 50021—2001［S］．2009 年版．北京：中国建筑工业出版社，2009.

［21］董彦莉，白晓红．土工合成材料加筋垫层承载力计算［J］．岩土工程学报，2010，32（2）：171-174.

［22］秦付仁．静荷载和独立基础地基土承载力的标准试验规程［J］．土工基础，1997（2）：54-56.

［23］王建华．加筋地基补强技术研究与应用［D］．重庆：重庆大学，2006.

7 考虑长期工作效应的土工格栅加筋地基承载力计算公式

7.1 引 言

土工合成材料在加筋地基中可有效提高地基土的抗拉、抗剪强度,增大地基应力扩散角,减小下卧层表面压力,控制土体侧向变形,调整不均匀沉降,增大地基稳定性,提高地基承载力[1]。

筋土界面特性试验把土工格栅分离,受力作用下应力状态的变化和加筋的本质被忽略。室内模型试验往往忽略筋材与土之间的相互作用和筋土接触面的力学性能。室内模型试验和筋土界面特性试验都有一定的局限性。只有把界面特性和室内模型试验研究的结果结合,才能为准确研究加筋增强的机理提供前提条件。

本章结合蠕变、老化、蠕变老化耦合作用影响的界面特性试验结果,探求合理的设计拉力值确定方法,得到合理的计算公式,给出加筋地基长期作用的简便合理的设计方法,并结合室内模型试验结果对计算公式进行验证。

7.2 加筋地基极限平衡设计方法

7.2.1 加筋地基常用承载力计算公式

常用的加筋地基计算方法为 Binquet 法、改进太沙基法、改进 Ingold 法和极限状态分析法,以此开展土工格栅加筋砂垫层的承载力计算。

(1) Binquet 法[2]

Binquet 通过开展室内模型试验,系统研究了浅基础加筋地基的承载力,提出了加筋垫层的设计方法。

筋材设置 n 层,第 1 层到基础底面的距离为 z_1,$z_1 \leq 2b/3$;第 n 层到基础底面的距离为 z_n,$z_n \leq 2b$ 且不宜大于 3m。筋材的布置深度范围 z,在 $z_1 \sim z_n$ 范围内布置。加筋间距为 $\Delta h = (z_n - z_1)(n-1)$。

地基最大剪应力由布辛奈斯克解得

$$\tau_{xz} = \frac{4bq_R xz^2}{\pi \left[(x^2 + z^2 - b^2)^2 + 4b^2 z^2 \right]} \tag{7-1}$$

式中,z 为某点的深度,m;x 为距基础中心的水平距离,m;q_R 为基地附加压力,kPa;b 为基础宽度的 1/2,m。

各层筋材的拉力为

$$T_i = \frac{1}{n}(f_R - f)(A_1 b - A_2 S_v) \tag{7-2}$$

式中，T_i 为筋材的设计拉力，kN/m；f_R 为加筋地基承载力设计值，kPa；f 为原地基承载力设计值，kPa；S_v 为加筋间距，m；A_1、A_2 为无量纲系数。

（2）改进太沙基法[3]

太沙基于 1943 年推导得到条形基础地基承载力计算公式。假定地基土均匀，将破坏时的地基分成主动极限平衡区、被动极限平衡区和过渡区 3 个区域，推导极限平衡承载力计算公式为

$$p_u = cN + \gamma d N_q + \frac{\gamma b}{2} N_\gamma \tag{7-3}$$

式中，p_u 为极限承载力；c 为黏聚力；q 为旁侧荷载，$q = \gamma d$；d 为埋深；b 为基底宽度；γ 为土的重度；N_γ、N_q 为承载力系数，由地基土的内摩擦角查表得到。

单层加筋时对太沙基公式进行修正，在太沙基公式的基础上加一个 Δf，表示筋材的加入引起地基承载力的增加值[1]。

$$\Delta f = \frac{\left(\gamma \cdot s + \dfrac{T_a}{2R}\right) N_q + \dfrac{2T_a}{b} \sin a}{F_s} \tag{7-4}$$

式中，T_a 为容许抗拉强度；s 为最终沉降量；R 为地基隆起假想半径；a 为筋材拉力与水平面的夹角；F_s 为安全系数。

（3）改进的 Ingold 法[4]

陈文华假设筋土界面某点达到最大剪应力，加筋垫层符合莫尔-库仑理论，在荷载作用下加筋垫层达到塑性破坏，破坏模式与太沙基破坏模型相同。

$$\tau_f = c_a + \sigma \tan \varphi_a \tag{7-5}$$

式中，c_a 为界面似黏聚力；φ_a 为界面似摩擦角。

土工织物加筋复合土体的极限承载力公式为

$$p_u = c_a \left[\frac{S_v}{\bar{b}} \cdot \frac{(\exp^{(f_2)} - 1)}{\tan^2 \varphi_a} \right] + (2 + \pi) c_u \frac{S_v}{\bar{b}} \cdot \frac{(\exp^{(f_2)} - 1)}{\tan^2 \varphi_a} \tag{7-6}$$

$$\bar{b} = b + n S_v \tan \theta$$

式中，$f_2 = \dfrac{\bar{b} \tan \varphi_a}{S_v}$，$c_u$ 为不排水剪强度；S_v 为加筋间距；n 为加筋层数；θ 为应力扩散角。

（4）极限状态分析法

王协群[2]将筋材对地基承载力的贡献分为 2 个方面，一方面为筋材的拉力垂直向上的分力，另一方面为筋材拉力的反作用力对土体的侧限作用。根据极限平衡原理得到承载力增量为

$$\Delta f = \frac{nT}{K} \left[\frac{2\sin(45° + \varphi/2)}{b + 2z_n \tan \theta} + \frac{\cos(45° + \varphi/2)}{D_u} \cdot \tan^2(45° + \varphi/2) \right] \tag{7-7}$$

滑动面深度为

$$D_u = \frac{b \cos \varphi}{2 \cos\left(\dfrac{\pi}{4} + \dfrac{\varphi}{2}\right)} \exp^{\left(\dfrac{\pi}{4} + \dfrac{\varphi}{2}\right) \tan \varphi} \tag{7-8}$$

7.2.2 加筋地基承载力计算公式存在问题分析

加筋地基承载力及沉降计算较复杂，到目前为止仍然没有统一计算模式。现有的加筋地基承载力计算公式存在不足，如 Binquet 法未考虑筋材力学性能的变化及筋材对土体的侧限作用对地基承载力提高的影响。改进的太沙基法适用于单层加筋，计算过程中假定基础两侧破坏时产生圆形隆起，然而工程中实际计算时该圆弧的半径和方向难以确定。改进的 Ingole 法的破坏模式和太沙基公式的破坏模式相同；极限状态分析法将加筋地基承载力的提高归因于筋材拉力竖向分力和筋材水平侧限的贡献，然而两者之间无必然联系，而且需要在受力过程中产生较大的竖向变形。以上加筋地基的承载力计算方法均未考虑长期荷载作用下的影响。

本书从筋材受力拔出的极限状态进行分析，基于极限平衡原理，在改进的太沙基承载力公式的基础上，结合筋土界面特性试验结果，考虑土工格栅在长期荷载作用下蠕变、紫外线老化、老化蠕变耦合作用的影响，推导加筋地基长期极限承载力公式。通过将计算值与室内模型试验值进行比较，取得一致结果，表明这种方法的正确性。

7.3 土工格栅加筋地基的极限平衡分析

加筋地基的极限平衡分析先由条形基础推导，矩形和圆形基础在条形基础的结论基础上修正得到。

在极限平衡理论中，土中某点剪切破坏时大小主应力和抗剪强度之间的关系为

$$\begin{cases} \sigma_1 = \sigma_3 \tan^2(45°+\varphi/2) + 2c\tan(45°+\varphi/2) \\ \sigma_3 = \sigma_1 \tan^2(45°-\varphi/2) - 2c\tan(45°-\varphi/2) \end{cases} \quad (7\text{-}9)$$

式中，σ_1、σ_3 为地基中某点的大、小主应力，kPa；φ 为内摩擦角，°；c 为黏聚力，kPa。

当筋材布置层数较多时，才会因上层土工格栅断裂而发生地基承载力破坏。本书室内模型试验中布置一层土工格栅，在承载力室内模型试验中未发生土工格栅的断裂破坏，发生筋材拔出破坏。这主要是由于筋材与土直剪的摩擦力不足而导致筋材与土发生过大的相对变形，筋材不能继续约束土体的侧向变形而发生破坏。

7.4 土工格栅的设计拉力

土工格栅的高分子材料的类型、格栅形式、环境条件和应力水平影响其长期工作性能。土工格栅的耐久性能如蠕变、老化作用会降低其拉伸强度，为将这些特性反映在土工格栅的设计抗拉强度的确定中，常用强度折减系数。通常从蠕变、老化、施工损伤 3 个方面来对土工格栅的拉伸强度进行折减，保证工程的安全和稳定。

设计时所用的公式中蠕变、老化、施工损伤折减土工格栅设计强度取值时考虑蠕变、老化的影响，往往对土工格栅的极限抗拉强度除以一个折减系数后使用。国内外对该系数的研究很多，但分歧很大，取值相对保守[5]。FHWA 标准中对土工合成材料进行一系列折减，再除以安全系数 F_s，我国也借鉴该标准对土工合成材料的强度进行折减[6-7]，即

$$T_{al} = \frac{T_u}{F_{CR}F_D F_{ID}} \tag{7-10}$$

$$T_a = \frac{T_{al}}{F_s} \tag{7-11}$$

式中，T_u 为土工格栅极限拉伸强度；T_{al} 为土工格栅长期拉伸强度；T_a 为土工格栅长期拉伸强设计容许值；F_{CR} 为蠕变折减系数；F_D 为老化折减系数；F_{ID} 为施工损伤折减系数；F_s 为设计安全系数。

在 FHWA 标准中，给出不同聚合物类型的土工钢格栅蠕变折减系数[7]，聚酯为 2.5~1.6、聚丙烯为 5.0~4.0、高密度聚乙烯为 5.0~2.6。

7.4.1 土工格栅蠕变折减系数

聚丙烯土工格栅的蠕变折减系数为 8.0~8.8。此外，许多研究材料的侧限蠕变试验研究揭示加筋土中土工格栅的变形不大，蠕变减弱。

为研究聚丙烯双向土工格栅的蠕变特性，分析其蠕变折减系数，本书进行典型的室内蠕变试验研究。在工作应力下，土工格栅在土体和空气介质中的模量相差在 5% 内[8]。因此，设计时可将空气介质中的无侧限聚丙烯双向土工格栅的拉伸试验和蠕变试验结果应用到土体介质环境中。土工格栅的室内蠕变试验是在不同荷载下，土工格栅的应变与时间的关系，根据室内蠕变试验土工格栅的长期强度为短时拉极限拉伸强度的 40%，聚丙烯双向土工格栅的蠕变折减系数为 2.5~2.8。

7.4.2 土工格栅老化折减系数

聚丙烯双向土工格栅加筋结构的老化折减是长期设计强度的重要组成部分，结合土工格栅室内光氧老化和热氧老化试验结果，在 80℃下，热氧老化 700h 聚丙烯双向土工格栅强度降低不超过 10%；在 80℃下，光氧老化 700h 强度降低约 35%。根据室内加速老化试验结果，提出聚丙烯双向土工格栅的热氧老化和光氧老化折减系数，取热氧老化折减系数为 1.1~1.3；光氧老化折减系数为 1.7~2.0。

7.4.3 对土工格栅设计强度公式的建议

土工格栅的强度折减系数连乘不合适[5]。连乘意味着 3 个系数互不相关，蠕变、老化独立对土工格栅加筋地基产生影响。从室内试验结果可知，蠕变和老化作用相互影响、同时发生。蠕变和蠕变老化耦合作用的影响可用同一个折减系数来对强度折减。

$$T_{al} = \frac{T_u}{F_{CRD}F_{ID}} \tag{7-12}$$

F_{CRD} 为老化蠕变耦合折减系数，对聚丙烯取 $F_{CRD} = 3.5~3.8$。

7.5 加筋地基承载力修正公式

7.5.1 改进的太沙基法加筋地基承载力修正公式

改进的太沙基公式综合考虑筋材的垂直分力作用、筋材产生的旁压作用和地基沉降作用,是在太沙基地基极限承载力公式的基础上提出的。本书考虑筋材在地基中的摩擦特性,地基承载力计算中引入摩擦影响系数,使加筋地基承载力与土工格栅筋土界面摩擦特性结合,由界面摩擦咬合特性提供对砂土的侧向位移约束,从而提高地基承载力。

太沙基提出的地基极限承载力公式如下:

对条形基础为

$$p_u = cN_c + \gamma d N_q + \frac{1}{2}\gamma b N_\gamma \tag{7-13}$$

对方形基础为

$$p_u = 1.2cN_c + \gamma d N_q + 0.4\gamma b N_\gamma \tag{7-14}$$

当基础下方布置一层土工格栅时,对其进行修正,形成改进的太沙基地基极限承载力公式[9]为

$$f_{ur} = p_u + \Delta f = 1.2cN_c + \left(\gamma d + \frac{T_a}{2R}\right)N_q + \frac{2T_a \sin\alpha}{b} + 0.4\gamma b N_\gamma \tag{7-15}$$

$$\Delta f = \frac{T_a}{2R}N_q + \frac{2T_a \sin\alpha}{b} \tag{7-16}$$

式中,f_{ur} 为加筋地基极限承载力特征值,kPa;T_a 为容许抗拉强度,kN/m;R 为地基土隆起的假想圆半径,m;N_c、N_q、N_γ 为太沙基承载力系数,通过 φ_k 从太沙基公式承载力系数表中查得;α 为筋材拉力与水平面的夹角,由主动破坏面确定,$\alpha = 45° + \frac{\varphi}{2}$。

土工格栅在受力变形的过程中产生拉力,土工格栅增加的地基承载力设计值为

$$\Delta f = \left[\left(\gamma d + \frac{T_a}{2R}\right)N_q + \frac{2T_a}{b}\sin\alpha\right]/K \tag{7-17}$$

式中,K 为地基承载力安全系数,$K = 2 \sim 3$。

在改进的太沙基公式中考虑土工格栅产生的旁压荷载和土工格栅的拉力在竖向的分力对承载力产生的提升。考虑到与路基工程中的受力特性不同,在建筑工程中,建筑基础为刚性基础,土工格栅加筋地基在受竖向荷载作用下,不会产生过大的弯曲变形,因此土工格栅与水平面的夹角很小。筋材拉力在竖直方向的分力也几乎可忽略。土工格栅加筋地基的承载力增加值除土工格栅产生的旁压作用外,筋土界面的摩擦性能是土工格栅加筋地基承载力提高的又一重要因素。绝大多数研究人员只研究土工格栅筋土界面特性或单研究土工格栅加筋地基的承载特性,很少将二者共同分析。事实上,土工格栅的筋土界面特性和承载特性是统一的、相互关联的。从本书第四章土工格栅筋土界面特性研究的试验结果可知,土工格栅的加入在很大程度上增加了土工格栅的筋土界面特性,尤其是增加了界面似黏聚力。

在土工格栅与砂土之间的界面似黏聚力的增加是加筋地基承载力增加的原因之一。因此,本书对改进的太沙基公式进行修正,在加筋地基承载力增加值公式中,去除由于土工格栅拉力产生的竖向分力对承载力提升的影响,保留土工格栅产生的旁压荷载影响,增加土工格栅筋土界面特性似黏聚力的影响。即在改进的太沙基公式的基础上增加一项考虑土工格栅筋土界面特性的承载力增加值为

$$\Delta f_c = c_r N_{cr} \tag{7-18}$$

式中,c_r 为土工格栅加筋土筋土界面似黏聚力,kPa,可由筋土界面特性试验测得;N_{cr}

为太沙基承载特性系数。

对改进的太沙基公式修正后，土工格栅加筋对地基承载力的增加值计算公式修改为

$$\Delta f = \frac{T_a}{2R}N_q + c_r N_{cr} \tag{7-19}$$

对改进的太沙基公式修正后，加筋地基的极限承载力公式为

对条形基础为

$$f_{ur} = cN_c + \left(\gamma d + \frac{T_a}{2R}\right)N_q + \frac{b\gamma}{2}N_\gamma + c_r N_{cr} \tag{7-20}$$

对方形基础为

$$f_{ur} = 1.2cN_c + \left(\gamma d + \frac{T_a}{2R}\right)N_q + 0.4\gamma b N_\gamma + c_r N_{cr} \tag{7-21}$$

7.5.2 加筋砂土地基承载力试验验证

为检验本书提出的地基承载力计算的修正方法，将计算公式所得的地基承载力与本书第六章室内模型试验结果相比较。

室内模型试验的地基土为砂土 $c=0$，该砂土采用均匀密实的标准干砂，相对密实度为70%，重度为15.4kN/m³，基础宽度为200mm，试验测得未加筋时纯砂地基的极限承载力为250kPa，纯砂的内摩擦角为18.78°，筋材为2种聚丙烯双向土工格栅BG1、BG2，土工格栅的极限抗拉强度分别为15.2kN/m、25.2kN/m，采用单层加筋，基础底面距土工格栅的垂直距离为70mm。

土工格栅加筋砂土地基极限承载力计算值与试验值比较如表7-1所示。

表7-1　土工格栅加筋砂土地基极限承载力计算值与试验值比较

试验工况	计算值 f_{ur}/kPa		试验值 q_{ur}/kPa	相对误差 $\frac{q_{ur}-f_{ur}}{q_{ur}}$/%	
	修正前	修正后		修正前	修正后
BG1	293.24	339.24	325	9.80	4.38
BG2	359.12	421.84	400	10.22	5.45

由表7-1可知，改进的太沙基公式在经过摩擦力修正前的相对误差分别为16.01%和10.22%。本书修正后的改进太沙基公式相对误差分别为3.07%和5.45%。这表明经过修正的改进太沙基公式与实测结果吻合得更好。

7.6　考虑长期工作性能影响的土工格栅加筋地基承载力公式的确定

7.6.1　传统加筋土长期工作性能研究分析

传统的土工格栅的耐久性研究中土工格栅的蠕变、老化作用是分开分析的，单独地从材料的角度研究土工格栅的蠕变作用及老化作用，然后分别在土工格栅极限抗拉强度的基础上进行蠕变影响强度折减和老化影响强度折减。在实际工程中，土工格栅材料在实际应用时的蠕变和老化作用同时进行。在本书的研究中发现，土工格栅的老化作用对

其长期荷载作用下的蠕变特性会产生影响，从前期室内试验研究结果可知，老化作用改变土工格栅材料内部的分子结构。在同一应力水平下，土工格栅的老化加快土工格栅的蠕变速率，提高土工格栅的蠕变应变。

土工格栅对砂地基的界面特性的影响可分为直接加固作用和间接加固作用，直接加固作用是筋土界面间及相邻的剪切带的加筋作用；间接加筋作用是筋材对土体的刚度、应力、应变分布及破坏形式等的影响和加固作用。土工格栅的加筋作用不仅发生在筋土界面上，还发生在界面外的土体中[10]。土工格栅的影响范围与筋材表面的粗糙程度有关，土工格栅的粗糙度越大，影响范围较大，反之则粗糙度小，影响范围较小。筋土界面的粗糙度和咬合性越强，加筋土的抗剪强度越高，相应的地基承载力越高。在长期工作效应影响下，土工格栅随着蠕变、老化特性的影响，筋材在长期荷载作用下，变形能力下降，网格尺寸发生变化，节点和肋条的厚度减小，筋材的粗糙性、咬合性能降低。土工格栅加筋砂地基的抗剪强度随之下降，相应加筋砂地基的地基承载力也下降。从筋土界面特性的试验结果可知，土工格栅加筋砂地基的长期抗剪强度会随着土工格栅的蠕变应力水平、老化时长和蠕变老化耦合的情况变化。

孤立地考虑蠕变、老化的影响，将土工格栅对加筋地基承载力长期性能的影响通过系数的影响引入计算公式，计算方法简单，但不符合土工格栅的实际长期工作性能。

7.6.2 考虑土工格栅长期工作性能的改进太沙基公式

在考虑土工格栅的蠕变、老化、蠕变老化耦合作用的界面特性试验的结果中可知，土工格栅筋土界面的关系与土工格栅本身的抗拉强度关系较小，而与界面的摩擦性能关系较大，土工格栅的厚度、尺寸、变形能力的变化，会直接影响筋土界面特性。

从本书第五章考虑土工格栅长期工作性能的界面特性试验可知，土工格栅的蠕变、老化、蠕变老化耦合作用不仅对土工格栅的长期强度产生影响，而且因格栅网格尺寸、厚度、模量的变化导致界面特性降低，在第六章考虑土工格栅长期工作性能的室内承载力模型试验中地基承载力随之降低。土工格栅的长期工作性能对土工格栅加筋地基的影响不仅体现在筋材长期抗拉强度的取值上，而且体现在对加筋地基应力扩散产生的影响和筋土界面参数的影响上，主要体现在对筋土界面似黏聚力的影响上，从而对地基承载力产生影响，主要影响因素为土工格栅类型、土工格栅的蠕变应力水平、老化时长、蠕变老化参数等。

本书在考虑土工格栅长期工作性能的筋土界面试验结果的基础上，考虑土工格栅长期工作性能对土工格栅加筋砂地基的应力扩散作用的影响，在7.6.1节提出的加筋土界面摩擦性能地基承载力提高增加值的基础上，引入土工格栅长期工作性能摩擦影响系数ψ_c，对该值进行折减，保证土工格栅加筋砂地基在长期工作条件下的承载力是安全的。

对改进的太沙基公式修正后，土工格栅加筋对地基承载力的增加值为

$$\Delta f = \left(\gamma d + \frac{T_a}{2R}\right) N_q + \psi_c c_r N_{cr} \tag{7-22}$$

加筋地基的极限承载力公式为

$$f_{ur} = c N_c + \left(\gamma d + \frac{T_a}{2R}\right) N_q + \frac{b\gamma}{2} N_\gamma + \psi_c c_r N_{cr} \tag{7-23}$$

式中，ψ_c 为土工格栅长期工作性能摩擦影响系数，由界面试验确定。无试验参数时，可按以下建议取值。

（1）仅考虑蠕变作用影响时，取 $\psi_c=0.90\sim0.93$，土工格栅应力水平较高、土工格栅取较小值；反之，土工格栅应力水平较低、极限抗拉强度较高时取较大值。

（2）仅考虑蠕变老化耦合作用影响时，取 $\psi_c=0.85\sim0.88$，土工格栅老化时间较长、极限抗拉强度较低时较小值；反之，土工格栅老化时间较短、极限抗拉强度较高时取较大值。

（3）同时考虑蠕变、蠕变老化耦合作用影响时，取 $\psi_c=0.80\sim0.82$，土工格栅极限抗拉强度较低时较小值；反之，极限抗拉强度较高时取较大值。

7.6.3 考虑土工格栅长期工作效应的加筋砂地基承载力试验验证

为检验本书提出的考虑土工格栅长期工作效应的加筋砂地基承载力计算的修正方法，将计算公式所得的地基承载力与本书第 6 章室内模型试验结果相比较。

考虑土工格栅长期工作效应的加筋砂地基极限承载力计算值与试验值比较如表 7-2 所示。

表 7-2　考虑土工格栅长期工作效应的加筋砂地基极限承载力计算值与试验值比较

格栅类型	试验工况	计算值 f_{ur}/kPa	试验值 q_{ur}/kPa	相对误差 $\dfrac{q_{ur}-f_{ur}}{q_{ur}}$/%
BG1	蠕变 40%UTS	275.20	300	8.33
	老化 500h	270.35	295	8.35
	老化 600h	268.67	290	7.36
	老化 500h、蠕变 40%	256.35	270	5.06
BG2	蠕变 40%UTS	367.57	383	4.03
	老化 500h	365.69	375	2.48
	老化 600h	364.44	350	4.13
	老化 500h、蠕变 40%	355.04	325	9.24

由表 7-2 可知，改进的太沙基方法在经过长期工作效应摩擦因数修正后的相对误差最大值为 8.35%，最小值仅为 2.48%。这表明经过长期工作效应摩擦因数修正后，改进太沙基公式与实测结果的一致性较好。

7.7　本章小结

本章结合蠕变、老化、蠕变老化耦合作用影响的界面特性试验结果，探求得出合理的设计拉力值确定方法，给出加筋地基长期作用简便合理的设计方法，并结合室内模型试验结果对计算公式进行验证，主要得出以下结论：

（1）比较和分析常用的加筋地基承载力方法，如 Binquet 法、改进太沙基法、改进 Ingold 法和极限状态分析法的特点和不足之处。

（2）结合土工格栅蠕变、老化、蠕变老化耦合作用试验及筋土界面和承载力试验结果,提出蠕变老化耦合折减系数 F_{CRD},对聚丙烯双向土工格栅 $F_{CRD}=3.5\sim3.8$。

(3) 考虑筋材在地基中的摩擦特性,在改进的太沙基公式的基础上增加一项考虑土工格栅筋土界面特性的承载力增加值,使加筋地基承载力与土工格栅筋土界面摩擦特性结合,通过室内模型试验结果进行验证,吻合效果较好,相对误差为5%左右。

(4) 在考虑土工格栅长期工作性能的筋土界面试验结果的基础上,引入土工格栅长期工作性能摩擦影响系数 ψ_c,保证土工格栅加筋砂地基在长期工作条件下的承载力满足安全保证。改进的太沙基公式在经过长期工作效应摩擦因数修正后的相对误差最小值仅为2.48%,经过长期工作效应摩擦因数 ψ_c 修正后,改进太沙基公式与实测结果的一致性较好。

7.8 参考文献

[1] 白晓红,黄仙枝,张苇. 加筋技术在土木工程中的应用 [J]. 太原理工大学学报,2003,34 (5):532-534.

[2] 王协群. 土工合成材料加筋地基的极限平衡设计与加筋材料的研究 [D]. 武汉:武汉理工大学,2003.

[3] 张克. 土工格栅加筋砂土地基性能的模型试验研究及有限元分析 [D]. 大连:大连理工大学,2004.

[4] 中华人民共和国住房和城乡建设部. 建筑地基基础设计规范:GB 50007—2011 [S]. 北京:中国计划出版社,2012.

[5] 包承纲. 土工合成材料流变参数合理选择的研究 [J]. 岩土工程学报,2015,37 (3):410-418.

[6] 李广信. 关于土工合成材料加筋设计的若干问题 [J]. 岩土工程学报,2013,35 (4):605-610.

[7] MICHAEL D,何波. 加筋土结构设计方法及设计安全冗余分析 [J]. 长江科学院院报,2014,31 (3):115-121.

[8] 杨广庆,王贺,刘华北. HDPE 土工格栅加筋土结构的筋材长期强度研究 [J]. 东华大学学报(自然科学版),2012,40 (2):167-170.

[9] 董彦莉,白晓红. 土工合成材料加筋热层承载力计算 [J]. 岩土工程学报,2010,32 (11):171-174.

[10] 包承纲. 土工合成材料界面特性的研究和试验验证 [J]. 岩石力学与工程学报,2006,25 (9):1735-1744.

[11] 雷胜友. 现代加筋土理论与技术 [M]. 北京:人民交通出版社,2006.

8 结论与展望

8.1 结 论

本书通过土工格栅的蠕变、老化试验、大型直剪试验及室内加筋土承载力模型试验，对 2 种不同型号的聚丙烯双向土工格栅蠕变时间效应作用和老化程度等因素作用下，土工格栅筋土界面相互作用和加筋土地基承载特性进行系统的试验研究理论分析，主要得到以下结论：

（1）针对土工格栅蠕变试验中存在的夹持力施加困难和持荷方式等问题，自主研制了适合于土工格栅蠕变试验的蠕变设备。

（2）基于室内蠕变试验结果，分析了土工格栅的蠕变曲线、等时蠕变曲线、收缩曲线随应力水平的变化。试验结果表明，土工格栅蠕变应力水平、筋材性质及加工工艺是影响土工格栅蠕变特性的重要因素。土工格栅的弹性应变随着荷载施加的瞬时产生，之后土工格栅发生蠕变。当作用在土工格栅上的应力较小时，蠕变速率随着加载时间的延长逐渐减小，蠕变变形最终趋于稳定；当土工格栅蠕变变形趋于稳定时进行卸载，土工格栅的弹性应变恢复，黏弹性应变随时间逐渐恢复，最终恢复至残余应变值。当作用于土工格栅上的应力较大时，蠕变速率随着加载时间的延长，在短时稳定后会快速增大，直到发生断裂破坏。蠕变应力水平显著影响土工格栅的蠕变曲线模式和最终残余应变值；蠕变加载等级越大，卸载后土工格栅产生的塑性变形越大。当应力水平相同时，极限抗拉强度较低的土工格栅残余应变明显大于抗拉强度较高的土工格栅。建议土工格栅的长期强度可取不大于其极限抗拉强度的 40%。

（3）借助扫描电子显微镜技术获取蠕变前后的土工格栅 SEM 图像，分析得到节点、纵、横肋微裂纹分布规律，提出土工格栅的蠕变应变及蠕变断裂破坏是从微裂纹开始的。土工格栅在长期的恒定应力作用下，随着时间逐渐增加，土工格栅材料内部初始薄弱部位产生微裂纹并逐渐累积、扩展形成微裂隙，进一步扩展、积累，可能产生横截面贯通裂隙。在一定应力水平下，土工格栅最终产生拉伸断裂破坏。而当应力水平较小时，裂隙扩展较小，可能终止，不会产生最终破坏。

（4）在 Kelvin 模型的基础上，引入 CYJ 蠕变体元件，建立可表征土工格栅蠕变加卸载变形全过程的应变响应的黏弹塑性模型，模型曲线与试验曲线具有较好的一致性。该模型较好地模拟土工格栅在不同应力水平下的蠕变特性，较好地反映土工格栅的衰减蠕变、稳定蠕变及加速蠕变卸载全过程，具有较广泛的工程使用价值。

（5）采用人工加速老化试验法对 2 种土工格栅开展热氧老化、光氧老化试验，对比分析格栅类型、老化方式、喷淋方式、老化温度、老化时长等因素对土工格栅的抗拉强度、断裂伸长率等力学性能的影响规律。试验结果表明，老化时长为 700h 时，热氧老化抗拉强度降低不超过 10%,光氧老化抗拉强度不超过 35%。建立随老化时长变化的灰色预测模型,土工格栅的光氧老化抗拉强度、断裂伸长率保持率数据分析结果表明灰色预测模型拟合效果良好,根据预测结果 BG1、BG2 分别在光氧老化 1100h,1800h 时失效。同时,开展光氧老化蠕变耦合效应的研究,由于紫外线引起的土工格栅老化抗拉强度下降,加速了土工格栅的蠕变速率,使老化后的土工格栅发生蠕变断裂破坏的应力水平降低。在相同的温度、应力、紫外线辐照和老化时长条件下,土工格栅极限抗拉强度越高,抗老化效果越好。

(6) 蠕变、老化作用对土工格栅加筋土筋土界面特性的影响主要体现为界面似黏聚力的降低。与未蠕变的土工格栅加筋土的黏聚力相比,蠕变作用对界面特性的影响最小,似黏聚力的降低 7%~10%,界面似黏聚力降低百分比与土工格栅蠕变应力水平有关,蠕变应力水平越高,似黏聚力降低越多;土工格栅老化作用使筋土界面似黏聚力降低 10%~15%,老化时长越长,界面似黏聚力降低越多;老化蠕变耦合作用对筋土界面似黏聚力影响最大,界面似黏聚力降低 15%~20%。

(7) 土工格栅在加载初期的蠕变效应对加筋地基沉降影响不大,存在土工格栅承载力影响初始荷载,当荷载超过承载力影响初始荷载时,土工格栅开始出现蠕变效应。老化时间越长,土工加筋地基的承载力随之降低 7%~12%。与原土工格栅加筋砂土相比,土工格栅的老化、蠕变耦合作用对土工格栅加筋砂地基的承载特性的降低 10%~20%,降低值与土工格栅类型、老化时长、蠕变应力水平有关。老化作用和蠕变作用的耦合改变了土工格栅的网格尺寸,肋条厚度,弹性模量,使加筋砂地基的加筋性能下降比单一的蠕变、老化作用影响更明显。同样的老化时长,蠕变应力水平越高,对界面特性的影响越明显。

(8) 结合土工格栅的蠕变、老化、老化蠕变耦合作用试验及筋土界面特性和加筋土地基承载力试验结果,提出加筋土的地基承载力蠕变老化耦合折减系数 F_{CRD},对聚丙烯双向土工格栅建议取 $F_{CRD}=3.5\sim3.8$。考虑筋材对地基承载力的贡献,在太沙基公式的基础上增加 $\Delta f=c_r N_{cr}$,并引入土工格栅长期工作性能影响系数 ψ_c,最终建立考虑土工格栅长期工作效应的加筋土地基承载力计算公式,该公式的计算值与试验值的相对误差不超过 10%,一致性较好。

8.2 展 望

(1) 土工格栅的老化试验与蠕变试验都需要长时间的检测才能获得试验结果,试验周期长,获得的试验结果离散性大。户外老化试验受外界环境影响因素多,不易控制且地区差异大,不易得到可靠的、可推广的老化理论。室内人工加速老化虽然缩短了老化试验时间,但是通过短期室内人工加速老化的方法利用理论模型外推户外长期老化的差异性较大。探索建立室内人工加速老化和户外老化的等价方法,是土工格栅老化特性研究的基础问题。

(2) 因时间和条件的限制,本书仅对 2 种不同抗拉强度的土工格栅进行蠕变、老化作用下加筋砂地基的筋土界面及承载特性的试验研究。但是尚有其他材质的土工格栅,以及不同网格形式的土工格栅。目前,三向土工格栅在工程中已开展广泛应用,有较好的地基加固的效果。由于国内缺乏三向土工格栅蠕变、老化相应的试验标准，三向土工格栅的蠕变、老化研究尚属空白，有待进一步开展。

（3）本书中的蠕变试验是在空气中无侧限条件下开展的，之后作为加筋材料开展加筋砂地基的筋土界面特性和承载特性试验。这与土工格栅的实际工作状况即在有侧限条件下的筋土界面作用和加筋承载作用有差距。今后，可开展在土中有侧限条件下及存在竖向应力时的蠕变试验。

（4）考虑蠕变、老化作用的土工格栅筋土界面特性和承载特性的研究中，室内模型试验考虑的因素有限，数值模拟分析是目前弥补试验研究不足的有效方法，增加实际工程的现场原位试验可有效地将研究结果用于实际工程。